用孩子的逻辑
化解孩子的情绪

郑婉瑜（T. Grace） / 著

天地出版社 | TIANDI PRESS

图书在版编目（CIP）数据

用孩子的逻辑，化解孩子的情绪 / 郑婉瑜著. -- 成都：天地出版社，2017.8（2025.4 重印）
ISBN 978-7-5455-2889-3

Ⅰ.①用… Ⅱ.①郑… Ⅲ.①情绪-自我控制-儿童教育-家庭教育 Ⅳ.① B842.6 ② G781

中国版本图书馆 CIP 数据核字 (2017) 第 130924 号

本书由大大创意有限公司 / 大肃出版社正式授权，同意经北京华夏盛轩图书有限公司授予天地出版社出版中文简体字版本。非经书面同意，不得以任何形式任意重制、转载。

著作权登记号 图字：21-2017-438

用孩子的逻辑，化解孩子的情绪

出 品 人	杨　政
作　　者	郑婉瑜（T. Grace）
责任编辑	陈素然
版权编辑	郭　淼　玉　叶
装帧设计	今亮后声 HOPESOUND　pankouyugu@163.com
责任印制	王学锋
出版发行	天地出版社 （成都市锦江区三色路 238 号　邮政编码：610023）
网　　址	http://www.tiandiph.com http://www. 天地出版社 .com
电子邮箱	tiandicbs@vip.163.com
经　　销	新华文轩出版传媒股份有限公司
印　　刷	水印书香（唐山）印刷有限公司
版　　次	2017 年 8 月第 1 版
印　　次	2025 年 4 月第 22 次印刷
成品尺寸	145mm×210mm　1/32
印　　张	8.5
字　　数	168 千
定　　价	36.00 元
书　　号	ISBN 978-7-5455-2889-3

版权所有◆违者必究

咨询电话：（028）86361282（总编室）
购书热线：（010）67693207（营销中心）

如有印装错误，请与本社联系调换。

推荐序1

家庭教育真的很重要！近年来社会案件的犯案年龄层越来越低、低到我觉得不可思议的地步，追根究底家庭教育是最大的问题！从我自己当了妈妈之后，我深深觉得某些传统观念真的会孕育出消极的孩子，举个例子：我至今仍然相当不解为何不能当着孩子的面夸赞他们乖巧、好带，孩子真的不会因为这样就变难带，相反的，如果我们从来不就孩子的优点去称赞他、肯定他，又怎么能奢望他们以后会看到别人的优点呢？

书中有句话说得很好："你很优雅、孩子就会很乖。"如果我们常常很暴躁地对待孩子，又要如何要求他们有耐心地面对我们呢？

孩子的个性养成取决于我们对待他们的方式！想要有个积极正面的孩子，就从不动怒的教养开始吧！让我们陪孩子一起优雅地成长！

◎六月

知名演员、艺人

推荐序 2

沟通，一直以来都是一门艺术。

不只是大人跟大人之间，大人跟小孩之间甚至小孩跟小孩之间，都是一辈子应该要学的课题。然而，学校却没有教我们怎么沟通，不是很奇怪吗？

看到 Grace 老师用自己与幼儿园孩子们相处的生命历程写下的书，真的是为我们补足了许多学校没教的事、甚至父母都没教的事。从如何让大人心态建立的以身作则到与孩子的实战演练，Grace 老师写下了各种情境的教学攻略，十足精彩！

其实这几年的心理学也开始不断地强调正向心理 (Positive Mindset) 的建立，Grace 老师透过"父母最常跟孩子说的话，有什么问题呢？如何转个说法让言语更有说服力"等篇章，让父母亲可以很快地上手运用，使原本可能会导致的负面思维或行为，都可以转化成为正向的环境。身为父亲，虽然也是心理学家，但是还是难免会有对孩子比较没有耐心的时候，这时，借由更多的学习机会，也能够让自己看到更多自己可以成长的地方。

相信这本满满 Tips 的书，能够为更多家长打开希望之门，让他们成为优雅的家长。

◎ 程大洲

英国伦敦大学心理硕士、亲子作家、企业讲师、英国优势测评首席分析师，著有《伦敦大学教我的13个逆转心理学》

推荐序 3

我想这是现在父母必备的一本工具书,身为两个孩子的妈,我曾经也困扰着如何在面对孩子的错误行为时不动怒,也知道不要用情绪教导孩子,但我想身为现在快速时代中的父母一定觉得好难!不可能!真的很难。

尤其做父母的在情绪控管这一块,对小孩的成长和行为非常的重要,我对孩子也保持用沟通表达的方式,来处理他们之间的纷争,刚开始我是用同理心的方式去向他们解释,要他们换个角度想、反问他们:"如果是你,你会有什么样的感受?"时间久了,我发现其实他们能够理解,而且我们的沟通变得容易多了,我常告诉 Joe 跟 Grace 世界上没有解决不了的事情,只要学会沟通跟表达,所以"沟通"跟"表达"在我们家好像家训一样……哈哈!

很开心看到 Teacher Grace 的书,书里有好多好实用的教导方式,从 Grace 用孩子的逻辑,化解孩子的情绪,去了解孩子也让父母更了解自己的孩子，相信大家看完这本书一定会有很大的收获！"请把自己定位为孩子人生的导师，是帮他们的人生建立规矩态度最重要的启蒙者"，我非常赞同这个观念。

真想跟 Teacher Grace 说："你应该早点出书，实在是太实用了！"让我们优雅地跟孩子一起学习、一起成长吧！

◎ 妈咪速玲

时尚妈咪

自序

在当老师的这几十年里,家长们最常问我的问题里排名第一的是:"你怎么会对小孩这么有耐心?"其实,从小我是个毫无耐心、容易分心、做事无组织章法的小孩。对大人的要求,我的态度总抱着"有做就好",不管成果如何,觉得反正凡事差不多就行了,但对于自己有兴趣的事,我会有不睡觉都要完成的决心!这么两极化的我,也不晓得为什么对教育学生会这么有耐性,这种在外人看来"非比寻常的耐心",对我来说,其实也经过了一番历练。

我从"差不多小孩"到现在的拥有"无比坚持的耐心",是我在美国念书时被教授耳濡目染的。我的指导教授是位非常乐天的拉丁籍美国女士,她非常爱小孩,自己有四个孩子,又领养了两个。平时我都会到办公室找她聊天,常常听到她和孩子们交谈,不管她的孩子们惹了什么麻烦,让她多么生气,她总是平和但坚定地跟他们说话,当然,每次的结果都是她的孩子被她驯服了。

我早期在选课时非常没有定性,成绩呈现两极化,好玩的教具制作课我可以拿满分,但必修课程却因为我觉得无聊而常常搞砸。她知道了我的不足之处，跟我说了这样的话："我们做自己喜欢的事情是很愉快的，但是如果因为做不喜欢的事而阻碍你继续做喜欢的事的话，你需要将你不喜欢的事情当作是通往你喜欢事情的阶梯，分一点喜欢给你不喜欢的事情，你心中自然会平定下来，把这些课通过。"

教授没有说些不实际的虚话来安慰我，只是从平时与我的相处中，直接爽快地点出我的缺点。原本以为会遭到责备，教授却只给我"解决事情的处方"，不是穷追不舍地在已发生的事情上去指责。慢慢地，我在与自己学生相处中潜移默化地使用了这个方式，当他们在行为上犯错时，用孩子可以理解的方式来引导他们改正错误。

确实，比起生气骂人，这样的沟通过程是比较漫长的，或许就是这样，养成了我的耐心。然而，当孩子做错事的核心原因没有找到时，小孩会一再地发生同样的错，孩子也会因为每次做错了事，认定大人不管事情的大小或背后有何原因，就只会生气骂人，长久下来孩子仍然不知道自己的行为有何不妥，重复选择错误行为之外还会将错误升级。

面对孩子的情绪，现在的爸妈多数会试着用讲理或跟孩子做朋友的方法来处理。这种方式本身没错，只是与孩子讲道理、分析对错，如果流于长篇大论，会让孩子觉得"反正听完训话就没事了！"，而我最常见是孩子在大人的道理中养成言语早熟和爱顶嘴的习惯。不懂孩子的逻辑，就无法解决孩子问题的核心。

本书所写的都是我几十年教小孩时所碰到的真实情况。在与孩子的互动中，我常常会把自己放在他们的处境去思考，也同时会思考：如果是我的教授，她会怎么做？

在此将我的这本书献给在教学上影响我最深，一路上指导我、引导我的教授——Dr. Maranda Shiaw，一位让我一直战战兢兢地在教育上努力力行她所传授给我一切的人生导师。

目 录

chapter 1 | 当个优雅的大人

① 以身作则的优雅 - *003*

② 从收玩具训练"生活规矩" - *015*

chapter 2 | 用孩子的逻辑，化解孩子的情绪

① 让孩子一生受用的这句话，你一定要告诉他 - *025*

② 生气、哭闹不止时，孩子最需要你这样对他说 - *033*

③ 不想开口叫人的时候，也可以这样打招呼…… - *047*

④ 最容易让孩子不开心的这句话，你常说吗？ - *057*

⑤ 不主动、不积极的孩子，一定要推他一把！ - *065*

⑥ 过度热心的小帮手，给别人造成困扰怎么办？ - *077*

⑦ 为了玩游戏，不顾一切打乱该有的作息，该怎么办？ - *087*

- ⑧ 出现暴力行为，男孩告诉我："他不乖，我要惩罚他！" - *101*
- ⑨ 她不是爱生闷气，只是情绪卡关，找不到出口 - *115*
- ⑩ 看到喜欢的东西，就忍不住放进自己的包包 - *125*
- ⑪ 告诉孩子"专心"，不如教他"如何专心"！ - *141*
- ⑫ 无时无刻都想说话的孩子，该怎么做能让他静下来？ - *153*
- ⑬ 家有林黛玉，一遇到不顺心的事情就哭…… - *167*
- ⑭ 小孩吵架，大人究竟该怎么插手？ - *177*
- ⑮ "我不要，我不要，我就是不要！"孩子到底不要什么？ - *189*

chapter 3 | 转个说法，让孩子信服你也舒服

- ① 父母最常跟孩子说的话，有什么问题呢？ - *209*
- ② 孩子的准头没抓好，"有主见"变成"任性"！ - *219*
- ③ 要求孩子负责、规律，根本不用开口说 - *231*
- ④ 孩子的回馈来自你的态度 - *239*
- ⑤ 换个想法、转个说法，让孩子信服你也舒服 - *243*
- ⑥ 一再犯同样的错，孩子需要的是你的引导，还是责骂？ - *249*

chapter 1
当个优雅的大人

以身作则的优雅

真正亲自带过小朋友的父母都知道，在似懂非懂的孩子面前始终维持理智、不动怒，是一件多么困难的事情。进入幼教业近二十个年头，我仔细回想，自己是否曾经因为孩子们的行为真正动怒过。答案是"没有"！

是的，十九年来的幼教生活，我不曾因孩子而失去理智；的确，我不是任何一个孩子的母亲，但请试想，我每天在同一个时间内，面对几十个二到六岁的孩子，而且时间都是超过五个小时喔！我相信我需要的理智与耐性，绝对不会少于一般的父母。

接下来，你应该会想问："你是怎么办到的？"

身教永远放在第一位

我进入美国南亚拉巴马州立大学，主修儿童英语教育的第一堂课，教授就告诉我们，"从这一刻起，你们不可以再说'stupid'这个字了！作为老师，除了教育孩子之外，你们的行为更是他们的学习典范，拥有优雅的举止，将是你们必备的特质！"这段话影响我很深，也让我建立我日后面对孩子们不变的原则——**柔和而适当地保持威严**。

而我，真的再也不说"stupid"这个字，教授告诉我们，当我们因为某人做了一件事而说他"stupid"，等于给孩子们以偏概全的观念，如果老师的言行举止是孩子们模仿的指标，那么，越是微小的细节越要注意。

想要表达的是，"以身作则"在国外的幼教系统中，是这么重要的一环，老师都需要如此，更何况是在孩子们心目中最崇高的父母？**当你还没特别教育他，你说的每一句话，做的每一个动作，都已经在为你的孩子塑形。**假如大人们能够充分认知到这一点，在孩子面前又怎么能不优雅？

当然，光凭"因为知道自己的使命，所以必须让自己的举止合宜"这样的信念，是不足以支撑大人们，在随时会让人"暴走"的孩子面前如何"不暴走"，因此除了信念，你还必须有方法！

第一招
对调皮的孩子眼神直视、音调运用、手势辅助

学龄前的儿童相当依靠感官，喜欢会动且缤纷的物品，对突来的声音非常敏感但专注力低，除非是引起他们好奇的事物，否则对目标物的停留时间是需要训练的，所以你会发现，当孩子在做些调皮的行为时，经常要喊他很多次，甚至喊到火气都上来了，孩子才会听见你说的话。

还有，孩子很聪明，他不理睬大人的指令，有时是真的没有听到，或不知道你在跟他说话，但更多时候是在试探你的底线，"我再玩一下下，再靠近一点点就好"。

当你想让他知道"我现在要说的话很重要"，就需要这些技巧。

1. 蹲下来

跟孩子沟通重要的事情，最基础的动作一定是"蹲下来，眼睛与他平视"，除了减少一种上对下的距离和压迫感，主要目的就是抓住他的焦点，如果他把头转向旁边，请让他把头轻轻地转向你，让他看着你的眼睛，并告诉他：**"我正在跟你说话，请看着跟你说话的人的眼睛，这样才是有礼貌的。"**

2. 重点放大音量与动作

沟通的过程中，可以在重点词汇放大音量和手势，加深印象，并依照他的年龄给予适当的信息，注意，此时**重点之外的字眼不要说太多，一来会混淆重点，二来接收过多超龄信息的孩子，往往会发展成很会顶嘴的孩子**喔！

你可以这样做
警告"不可以靠近插座"

蹲在孩子面前,让他看到我的眼神肯定且坚持。

告诉他"不可以玩插座,会受伤、会痛"。说话中把重点字音量放大,并把两只手臂交叉在胸前、摇头,强调动作。

两岁以前的孩子,只简单强调"不可以玩插座,会受伤、会痛"。

两岁以后,他们懂得比较多,可以试着告诉他们"为什么"。例如:玩插座会受伤、会发生火灾,并搭配图片给他看(挑不会太过可怕的),让他们了解原因。

在这里要给爸妈打一个预防针，很少有孩子能够在警告一次后，就铭记于心绝不再犯，但请务必坚持，不正确的事情，一次、两次用这个方式慎重地告诉他们，随着年龄增长他们就会记住。

眼神与手势的沟通方式还有一个附加价值，**当你习惯把孩子叫到面前沟通，就不会有大声吼叫、失控的状况出现，你可以更加冷静而优雅地对孩子说教。**

第二招
对哭闹中的孩子不预先定罪，协助他说出心里的想法

"大哭大闹、不听话、做错事"，孩子们让大人生气不外乎是以上原因，但爸妈得了解，当他们做了错误的事情，害怕哭闹时，小小的脑袋正是最需要我们帮助的时候，别在这个重要的时刻跟他一起失去理智。

你一定看过（或者做过），大人对着哭闹不停的孩子说："一定是你不好！""不准哭，大家都在看你，丢不丢人！"……多数这种状况，孩子都不会因此而停止哭泣，反而会越哭越厉害，

不是吗?

哭泣是孩子表达不开心最直接的方式,有时,只是一点点的不开心,如果大人不分青红皂白地加以斥责,只会增添他更多痛苦的元素,让你和他的坏情绪无止境地放大。

孩子哭闹,不外乎是身体不舒服、事情违背他的预期,要止住这个情况:

首先,父母的口气必须是冷静平和的;

接着,让孩子知道"你懂他痛苦的原因";

最后,把"造成他不开心的点"说出来。幼儿对自己情绪的理解其实有限,帮他把不安情绪讲出来,对他们而言是平抚情绪的关键。

你可以这样做
当孩子因为你不准他玩玩具发脾气大哭

告诉他:"我知道你现在很难过""你很伤心妈妈没收了你的玩具""现在乖乖去吃饭,等一下就可以再玩二十分钟"。

当他知道你明白他心里的想法,不安的情绪就会慢慢平抚下

来，比起持续的责骂，或者放任他哭泣不理他，这个方式会让大人更快掌控局面。

更重要的是，情绪被安抚下来，这个时候再跟他说道理，才是有作用的。

有时小孩一哭会哭到一种"忘我"的境界，怎么安抚就是停不下来，适时地让他哭泣是很有必要的。

最好的方式是带着他到另一个空间，但一定要"陪伴"他，千万别丢下他一个人，要让他在觉得安全的环境中，尽情释放眼泪。

第三招
责备过后，告诉他如何避免错误再次发生

孩子犯了错，受到责备是必然，但责备处罚的目的，是为了避免他们再次犯下同样的错。

处罚过后，孩子和大人都冷静下来了，**爸妈一定要做"收尾"**，教他们如何避免再发生同样的事情，这是很多爸妈忽略的环节喔！

将事情经过叙述一次，第一次没起到作用，第二次再提醒、再说明，一次次引领他们学习：因为你做了这件事情→所以发生了不开心地事情→下次怎么做，不开心的事情就不会发生。

因为你把玩具乱丢→**所以**妈妈没收你的玩具→**下次**你把玩具收好，玩具就不会被没收。

因为你今天不肯吃中饭→所以你今天不能吃点心→下次你能乖乖把饭吃完，就可以吃点心。

火气上来了,就优雅地转身吧

当然,只要是人就会面临失控的时候,我也不认为爸妈应该压抑自己真实的情绪,只是,**别让自己在失控的时候处理孩子的问题。**当你察觉自己动怒了,火山要爆发了,请你这么做:深呼吸,转身离开现场。

1. 深呼吸

真的是很有用的方法喔!它可以提醒你,现在需要的是耐性而不是怒气,面对年纪越小的小孩,你越需要冷静。

2. 离开现场

若是在家里,你可以容许自己离开当下的环境,到另一个空间,关上门整理自己的情绪;如果在外头,带着孩子离开当下的环境,可能是转换两方情绪最快的方式。

最后,**给大家一个受到孩子喜爱与信任的小技巧,那就是"打扮自己"**!

正式的穿着容易赢得尊重,这不只适用于成人的世界,在孩子的眼中也是如此,漂亮的大人,能轻易吸引孩子的目光,更容易获得孩子的尊重和崇拜!

幼儿园里，经常有机会抱小孩，协助他们处理吃饭、小便等事情，轻便的穿着是最省事的，即使如此，我仍然天天把自己打扮得漂漂亮亮，化好妆再戴上漂亮的首饰，孩子见到老师漂亮，喜欢老师、对老师有好奇心，与他们沟通自然就事半功倍。

偷偷告诉你们一件事，小朋友特别不喜欢让漂亮的大人因为自己而生气喔！

02

从收玩具训练"生活规矩"

如何让孩子乖乖把混乱的玩具收拾干净，相信是许多爸妈相当困扰的事情，但请爸妈务必坚持这项训练，因为学龄前的孩子是建立规矩重要的环节，父母和老师此时为他设立一个有条理的环境，安全学习的框架，对于孩子未来人格的发展有举足轻重的影响。

小朋友专注做自己喜欢的事时，若中途被打断，对他们来说是相当不舒服的。学校里有一个让收玩具像玩游戏一样有趣的方式，提供给各位爸妈参考！

一、用音乐（或其他暗示）区隔游戏时间

学校里，我们会在"游戏时间"以及"游戏结束"时设定两种不同歌曲，当游戏时间开始，**老师会播放音乐，并问大家："大家有听到什么吗？"让小朋友说出："游戏的时间到了！"** 再让他们选择自己喜欢的玩具，开始玩游戏。游戏时间结束，老师会再播放另一种音乐，一样引导他们说出："游戏时间结束了。"开始一面唱歌，一面收拾玩具。

引导小朋友把自己正在做的事情"说出来",是非常重要的环节。在他们的世界中,"想"和"说"对事物的理解有不同效果,"说出来"可以让他们真正意识到自己的动作。

你可以这样做

利用音乐(或铃声)引导小朋友规律的作息(吃饭时间、游戏时间、睡觉时间),整个活动的开始、进行到收拾,都让小朋友觉得是一场游戏,由音乐开始,音乐结束。

二、一次玩一种游戏

每一种玩具对孩子有不同功能,玩益智玩具可以训练逻辑、专注;玩溜滑梯或是车子、娃娃屋等,必须和别人一起玩,学习分享,培养交际。

学校的玩具间会分区域,我通常会请老师们记录小朋友每天玩的项目,一周间每天要轮流在不同的区域玩。

一方面让他们对明天要玩的新玩具产生期待感,另一方面,透过不同的玩具互动模式,训练各种能力。

新买的玩具不用一次拿出来,一次让小朋友玩一到两种,一次将所有宝物摊开,反而会让他们不知所措!

三、用颜色帮助收纳归类

学校玩具种类很多,小朋友有时会不知道如何归位,或不记得自己从哪边拿出来的,我们在玩具的下方贴上不同颜色的识别贴纸,让他们能够依照贴纸的颜色,把玩具放回一样颜色的箱子中。

例如:积木、建筑类贴上蓝色贴纸,娃娃类贴上红色贴纸,收纳时请小朋友把他们放回自己的房子。

如此一来,可以协助他们快速将玩具归位,同时也让他们学习辨认不同色彩,以及组织和归纳的方法。

准备不同的篮子,利用贴纸或其他分类方式,在收玩具的同时,培养他们分辨和组织归纳的能力。

四、检查收纳成果

检视小朋友收纳成果,不要忽略喔!一方面确认收拾状况,一方面对他们的成果褒奖或检讨。

当小朋友完成玩具收纳,老师们会说:"玩具仙子要来检查了。"同样是利用角色扮演方式,这个过程也是游戏的一环。

发现收错地方时,老师会说:"有小朋友把积木放错到娃娃的家了,他应该住在哪个颜色的小屋?"若孩子收拾得很好,也要称赞他们。

你可以这样做

依照小朋友的年龄发展,决定是陪他一起收还是让他自己收,也要让他们知道,收得好明天才能继续玩,因此要对小孩收玩具的成果,提出赞美或检讨。

如果没收好东西,可以缩短他们下次玩玩具的时间;如果一直耍赖不收,则可以规定小孩一天都不能够玩玩具,只能画画(静态地玩)。

五、制止偷懒行为

活动过程中,总会有些小朋友故意顽皮地边玩边收,或者偷懒在一旁闲晃,老师随时要有火眼金睛,看出这些小朋友的意图,此时可以直接喊他的名字,指派任务给他,或鼓励他一起帮忙,不能让他轻易地混过去。

小朋友有时收玩具会收到分心,突然又玩起来了,或者跑去做别的事情,爸妈要随时拉回他们,"游戏时间结束了,请把玩具收好""已经收拾好了吗?"让他们知道休想在爸妈的眼皮底下蒙混过去!

简单的"收玩具训练",可以让孩子学会负责、专注、归类,还能让他们从自己达到目标(收好玩具)中获得成就感,是不是很棒呢?

chapter 2
用孩子的逻辑，化解孩子的情绪

01

让孩子一生受用的这句话，你一定要告诉他

宝贝，你长大了，这些事情你已经可以自己做啦！

"你爱你的孩子吗?"

"当然!"

任何父母对这个问题都会毫不犹疑地回答。

但每当我问:"你用什么方式爱你的孩子呢?"

过去,许多父母会愣住想半天,大部分我回答我:"我把我最好的一切都给他!""我会尽力让他每天都过得快乐!"这几年开始,有爸妈告诉我:"我会让他拥有独立自主的能力。"是的,**没有什么比训练孩子独立自主更能让他们一生受用了。**

但说归说,在学校里我仍然见到许多父母用"溺爱"来"阻碍"孩子的成长,总觉得孩子还小,等他长大了自然就会了,但真是这样吗?

案例
别让"爱"他变成"碍"他

初次见到两岁半的小安,秀眉大眼,白皙的皮肤搭配典雅的小洋装,俨然就是童话中的小公主,气质优雅的妈妈带着保姆,陪伴她一起到学校,妈妈问我学校事务的同时,保姆在一旁为小安整理衣着,并再三确认书包中准备的用品,最后才放心地目送她进教室,看得出来,这是个备受家长疼爱的孩子。

几周之后,小安的老师跟我反映她的学习进度有些落后于同班同学……

两岁半的幼幼班课程,一般是肢体律动、歌唱、画图、游戏等,以及用餐、刷牙、如厕等的生活自理训练。老师告诉我,她发现小安从听到指令到开始行动,需要花比较长的时间,也经常会中途停止动作或恍神。

几次的观察下,我发现小安确实在生活自理学习上,很大幅度落后于其他同龄小朋友,例如,"将水壶放到书包"这个动作,一般孩子教三次可能就学会了,但小安的老师花了三天时间,才让她在听到指令之后可以跟其他小朋友一样,拿起水壶走向书包,而且过程中要持续提醒,才能真正完成。

但根据经验,我感觉小安并不是理解力有问题的孩子,之后我在上下课时,特别注意小安跟家人的互动,慢慢地,我找到原因了。

上下课时,小安大多是由保姆接送,一次在学校活动中有机会跟妈妈聊天,我才知道,小安家里有两个保姆,一个负责打理她的生活起居,一个负责随身在侧,照顾她所有的需求,穿衣、穿鞋、喂饭、擦汗……是的,这就是问题关键了!太多她应该学习自己完成的动作,保姆全帮她做好了,在上学之前,小安根本不知道她自己可以做什么事情,当老师告诉小朋友"穿外套、穿鞋子",小安也知道什么是穿衣穿鞋,但她只会等待,等待别人来帮她做这些事情。

另一个例子,是三岁的恩恩,老师发现他在课堂上的反应比较特殊,例如游戏时,老师请大家"起立",恩恩不会跟其他小朋友一样听到老师的指令就行动,往往是看到所有小朋友都起立,才会匆匆站起。我曾经在画画课的时候,看见恩恩握笔的样子不太顺手,当我握住他的手想矫正一下,才发现他的手好软,力气好小。

也是经由几次和恩恩家长碰面的谈话,知道恩恩在家是很受阿嬷宠爱的小王子,除了细心替他料理生活,恩恩更小的时候,几乎舍不得让他在地上爬,担心他跌倒、流汗,很少让他在外面活动。

小安和恩恩的问题和原因几乎是一模一样的，我记得我们花了至少一个学期的时间，让他们自己拿汤匙、擦嘴、穿脱衣物……学习"这些事情，你可以自己动手做"，情况才慢慢改善，虽然还做不到跟多数小朋友一样动作流畅，至少都有稳步进步。

Teacher Grace's Time

别让你的爱,剥夺孩子学习的机会

以上两个例子,虽然都是比较极端的例子,但正好可以让我们看清楚父母角色的位置如果放错,对孩子造成的长期影响。

爸妈们都知道,家庭跟外面是截然不同的世界。孩子在成长的各阶段,有他需要学习的知识和技能,肢体运动、语言、人际交往……如果他从来不必尽力为自己做些什么,又怎么能期许将来他们独自处在外面的群体中，不会像小安和恩恩一样不知所措？

　　学龄前的孩子就像海绵一样，吸收力很强，对任何事情都充满好奇，遇到新鲜的事物，他们会迫不及待地想要接触、学习。我相信家长一开始给予他们的照顾，是出自于满满的爱，但这种爱的方式，却彻底成为挡住他们前进的阻碍了。

　　问问自己，理想中的亲子关系应该是什么样的呢？能够站在朋友的角度上和他玩在一起、当他无话不谈的伙伴、让孩子适性发展、给予他全力的支持。无论你的想法如何，对于学龄前的孩子，请记住 Grace 的一句叮咛，**"好的亲子关系，仍须坚持父母的角色"**！

　　这么讲似乎有些严肃，但为什么我会特别强调

"父母的角色"呢?过去的权威教育,疏离了亲子关系,但今日太多父母把自己放在"无条件支持、服务的角色"上,在过度保护之下,孩子必须承担进入同侪之后无法适应的后果。

我认为,好的亲子关系中,爸妈的角色并不是站在后面,成为孩子最忠实的支持者,而是走到前面引领着他,**请把自己定位为孩子人生的导师,你不只是一个保姆,而是帮他们的人生建立规矩、观念、态度的最重要的启蒙者。**

02

生气、哭闹不止时，孩子最需要你这样对他说

我知道你在生气，你很难过，我会在这边陪你，等你哭完。

学龄前的父母,最容易崩溃的时候就是"孩子情绪崩溃"时。

几年前许多教养文章中流行这样一句话"别被孩子的情绪绑架了",应该就是指这些跟着孩子一起崩溃的父母。

负面情绪解套锦囊

很多家长,甚至学校老师问我:"为什么他们这样哭闹你都不会生气?"

可是,我真的觉得没有什么好生气啊!

无论他们调皮捣蛋还是哭闹不止的时候,我都会很好奇他们行为背后的原因,当我知道之后只觉得好可爱、好好笑、好心疼,怎么会生气呢?

我倒是想问问经常崩溃的家长跟老师:"你们的人生经验比这些孩子多了这么多,怎么会被他们打败呢?"

特别是父母,应该最懂孩子的引爆点,这里整理一些面对孩子负面情绪的锦囊,在处理孩子生气或哭闹时,能够帮他们情绪解套。

第一招
先发制人

孩子会突然情绪爆发，通常是"想要的事情没有获得满足"或者是"被剥夺了拥有喜欢事物的权利"，因此"预告"对孩子来说，是非常非常重要的事情。

进商场前，你可以告诉孩子"你今天可以选一个礼物，你可以自己决定'一个'"，或"这个月你已经有新的玩具了，所以我们今天不会买东西"。

让孩子看电视前，你可以告诉孩子："今天可以看三十分钟，电视就要关掉。"

让孩子提前有心理准备，有时间调整心情，相信我，**"预告"可以帮助孩子减少一半以上的哭闹状况。**

第二招
冷静应对

会崩溃大哭,是因为他无法掌握眼前的状况,不懂得控制自己受到刺激后产生的情绪。

父母情绪越稳定,越能抚平孩子的不安;可别跌入他的情绪陷阱,跟着一起崩溃得团团转。

第三招
事后检讨

冷静下来后,教导他们遇到这种情绪时,用什么样的方式去面对并处理。

例如:告诉孩子"下次怎么做就可以不用生气""下次想要的时候可以怎么表达,可以不用哭"……

长时间下来,你会慢慢观察到,孩子真的会把你的话听进去,慢慢地改变自己。

当然，这个锦囊妙招还是不可能百分之百避免"不满你的意见而哭闹不休！"甚至"不知道他到底在哭什么"的状况，这个时候，有些话你一定要说，有件事情你却绝对不能做！

案例
不当处理孩子情绪，让他失去安全感

艾迪小班开始到幼儿园，一直到中班的时候，老师发现他动作变得特别慢，无论是吃饭、游戏、上厕所，他永远都是队伍的最后一个。老师平时虽试着鼓励他跟上大家脚步，但我们知道每个孩子都有自己发展的进度，只要确认他完成动作，也不需要太强迫他。

一天，轮到艾迪担任画画课的小帮手，老师请他先帮大家拿画笔到画画教室，艾迪原本开心的表情变得沉默，拿着画笔准备走出教室时，突然大哭起来，并且哭得相当厉害，老师安抚了好久，问他为什么哭：是不是身体不舒服？不喜欢帮老师拿东西吗？他只是哭着不愿意回答。之后的一阵子，老师更明显发现艾迪情绪管理出了问题，经常在找不到原因的状况下哭起来。

又有一天的数学课，艾迪突然又在下课之前哭了，恰好我经过,心想:"好吧,这次就让我亲自会会这个小子!"

在我们幼儿园里,我不希望孩子们一整天都待在固定的空间,因此不同类别的课,会在不同教室上课。我让老师先将小朋友们带到下一个上课的教室,请艾迪留下来,当他看到老师关上电灯,带着小朋友一个个走出教室,更是失控大哭了。艾迪其实是很稳重的孩子,我很少看到他这么激烈地反抗。

我蹲下来,跟他说:"艾迪,老师没有要骂你,你不要害怕!老师只是想陪你聊天。"当然,此时的他没这么容易安抚,我又跟他说:"我知道你现在在生气,你不开心,我会陪你。没关系,你先哭,你在生气,我会陪你!"大约哭了一分钟,我见他情绪仍是很激动,觉得应该改变一下环境,便走过去把灯打开,灯一亮,艾迪突然止住哭泣了,我知道了,他怕黑。

孩子正处于激动的情绪中,要让他平静下来,大人只能比他更冷静,并且说出能让他安心的话语。即使知道他怕黑,也不能在这时戳破他的自尊心,不要故意说破他害怕或让他难堪的话刺激他,这会让他更对你设下防线。

我说:"你不想哭了啊!那我们要不要一起去下一个教室。"他沉默。

我又问:"如果你不喜欢在最后一个,我会陪你啊!"他还是不回话。我换方式:"只有我们两个在这边好无聊,别的教室有好多小朋友,我们要不要一起去那边跟他们玩?"

艾迪:"你不会丢下我一个人在这里对吗?"嘿,很关键的问话!我说:"当然不会啊!我会陪你,等你想要去跟其他小朋友玩,我们再一起过去。"

艾迪又沉默了一下子,决定跟我一起去找其他人。

到了教室门口,我知道艾迪换教室前会哭,特别蹲下来跟他说:"艾迪,等画画课结束后,大家会一起回到刚刚的教室,知道吗?你会跟其他小朋友一起回来。"

这个预先告知的动作很重要,我已经知道他害怕"被丢下一个人",所以要先消除他的担忧,让他知道"他不会一个人"。

那天下课,我特别到校门口等艾迪的爸爸,可能有些事情,我们需要沟通沟通……

我:"最近艾迪在学校情绪有点不稳,跟平时不太一样。"

爸爸："是吗？他在家都很正常啊！他在家很皮耶！"

我："我记得他以前都很乖，最近变得比较容易情绪化。"

爸爸："老师，他在家很顽皮啦！常常怎么讲都不听。"

看来爸爸似乎没发现艾迪的变化。

我："他是不是比较怕黑？"我直接问。

爸爸："是吗……啊！可能因为我处罚他的时候，都会把他关在房间。"

我："关在房间？"

发现问题了！

爸爸："是啊，我看教养书上都说，小孩子在发脾气的时候，可以带他离开原来的空间，先把他隔离开来，让他自己冷静，所以他乱发脾气的时候，我会把他关到房间里。"

我："关多久？"

爸爸："关到他不闹为止。"

我："他是自己一个人在房间吗？"

爸爸："是啊，我要让他学习自己冷静。"

我："嗯……**小孩哭闹时隔离到一个空间是对的，但是，你可能需要陪着他。**"

爸爸："为什么呢？"

我："今天艾迪在学校突然大哭，我也是跟他一起留在教室里,让他哭,发脾气、跺脚都可以,但我会在旁边陪他,那是一种安全感,让他知道他不是自己一个人。"

爸爸:"安全感?"

我:"是啊!这个年纪的小孩很需要大人陪伴的安全感,做错事应该被处罚,但处罚的目的是让他知道他做错事,而不是让他感到害怕。"

爸爸:"嗯……我知道了,我会想想看。"

我:"好的,不过艾迪现在会害怕在一个人的空间独处,建议爸爸要多注意喔!"

Teacher Grace's Time

训练孩子,但不要剥夺此时他最重要的需求!

现代的家长有很多教养信息来源,网络文章、书籍,或者是家长彼此间的意见交流,也许,将来有天你也会采用我建议的教养方式,但请务必记得:没有一个孩子的发展和情绪反应会是一模一样的,也许这个方法是多数适用的,但并不表示自己的孩子会百分之百地获得你期待的结果,适情适性绝对是关键!

学龄前的孩子处于感官敏感期,此时对于感官受到震撼的事物，会在心里留下很深的烙印，无论是好的，还是不好的。曾经有一个五岁的小男孩告诉我，他长大一定要开飞机，因为小时候（五岁的小时候应该是三四岁的意思）爸妈带他去看飞机，他觉得好棒好棒！

大家记得近看飞机起飞时的情景吗？那是连大人第一次看到都会惊艳视觉和声音效果，更不用说对一个五岁都不到的儿童有多震撼了。而这个震撼他是惊喜的，所以从此的印象是飞机好棒！

或者，有的小朋友第一次吃到冰，被那种很冰冰刺刺的感觉吓到，是不舒服的感觉，所以从此讨厌棒冰了；但也有小朋友觉得这种感觉好新鲜、好好玩，从此爱上这种冰冰的感觉。

举这些例子是想让大家了解，同样的事情，每个孩子会有不同的反应，但感官刺激都会在他们小小的心灵中留下很大的威力。当艾迪的爸爸让生气中的艾迪独处在房间里，在他们这个年纪，只能感受自己存在的空间，无法想到爸妈就在外面，只意识到他是自己一个人，原本发脾气的情绪，变成害怕、恐惧，但对于爸妈来讲，也许只听到他哭声越来越大，猜想他是不服管教，为了让他知错、学习控制情绪，只能忍住心疼继续关着他，让他哭完哭累了。

面对孩子哭闹的状况，大人的直接反应往往是处理当下的情绪，也许方法没错，但却忽略了或许他年纪还太小，或时机点不对，例如：在他最需要安全感的时候,把他隔离在单独的空间;或者,在他在意的人面前指出他的错误!对的方法用错时机,会让原本想帮助他的心意伤害了他。

面对哭闹不止的小朋友，你可以这样做

1. 带他到一个单独的空间。
2. 安抚情绪：我知道你现在难过、生气，你可以哭，我在这边等你，等你哭完。
3. 让他说出自己哭的原因。
4. 告诉他，下次可以怎么做。

03

不想开口叫人的时候,
也可以这样打招呼……

你可以笑一下、眨个眼睛、握个手,这样我就知道你也有打招呼喔!

见面打招呼,是人与人互动的基本礼貌,幼儿园里,我要求孩子们每天上下课时,能够主动跟老师打招呼,这不仅是礼貌,也是训练小朋友主动建立良好的人际关系,但偶尔总是会遇上这样"屡劝不招呼"的小朋友,大部分的家长会面带尴尬地说:"唉,他就是这样没礼貌,都教不会!"就急急地拖着他回家,但是,我可不会这么简单让他们蒙混过去。

案例
不想开口,还是要"打招呼"喔!

瑞瑞是中班进来的小朋友,在很短的时间内就适应了学校的生活,跟其他小朋友们打成一片,有一天早上,我站在校门口等小朋友们,互道早安。

瑞瑞的妈妈和外婆这时也跟往常一样,一起送他到学校,我:"Good morning 瑞瑞!"

瑞瑞妈妈:"快跟老师说早安啊!"

瑞瑞看了看我,没有说话。

瑞瑞外婆:"怎么又这个样子啦!老师,真抱歉,他就是这样没礼貌。"

我笑了一下,让瑞瑞先跟着大家一起进教室。

接下来的两天，我悄悄地观察瑞瑞，发现他在学校跟同学相处时，并没有特别不一样的情绪，也很乐意与我和他的老师互动。下课时，瑞瑞看到妈妈和外婆来接他，虽然表情很开心，但一样不愿意开口说再见，外婆和妈妈仍然以"瑞瑞就是这样不礼貌"，不好意思地带着他回家。

到了第四天放学时间，我陪着他走到楼梯口，蹲下来跟他说："瑞瑞，前几天你都没有跟我说再见，我很想听你跟我说goodbye，你可以跟我说吗？"

瑞瑞停顿了一秒钟就对我说了："Goodbye T. Grace！"很好，他是可以说的。

下了楼梯，瑞瑞一样开心地冲进妈妈怀里。

妈妈："今天要跟老师说再见吗？"

我："有，刚刚我们在楼上瑞瑞已经跟我说过了！"

妈妈："真的吗？"妈妈显然非常惊讶。

外婆：**"一定是老师你在帮他啦，他都不跟人家打招呼。"**

我："外婆，真的有。"我很认真地再次强调。

第五天，我一样陪着瑞瑞走到楼梯口。

我："瑞瑞，他们都没有听见你跟我说bye-bye，但是我知道你有说，对吗？"

他点点头。

我:"等一等到了楼下,要bye-bye的时候,你就跟我点点头,这样我就知道,你觉得好吗?"

到了楼下,瑞瑞果然在道别时对我点了点头。

我猜想瑞瑞应该已经被妈妈跟外婆说他没礼貌,弄得相当排斥开口跟大人打招呼这件事,但难道打招呼的方式只有一种吗?不是还有拥抱、握手、眨眼、甚至还有法式的脸贴脸吗?

再怎么倔强的孩子,也很难抗拒有趣的事物,站在瑞瑞的角度,开口打招呼乏味又有压力,试着用他能接受的方式来做这件事情,等他重新接受"打招呼"这件事情后,慢慢地,他也就愿意回到我们的方法喽。

我趁瑞瑞没注意时,告诉妈妈跟外婆,瑞瑞有他自己打招呼的方式,要慢慢来,我们不希望把"打招呼"变成让孩子不开心的负担,但这件事情却不能不做,所以我把"打招呼"变成一种游戏,循序渐进地教他,让他慢慢接受大人的打招呼方式。

接下来的一周,我们都用"点头"当作暗号。
第二周,我们把暗号改成"握手"。
第三周,暗号换成"眨眼睛"。
有一天下课,我听到瑞瑞站在妈妈旁边,很小声地跟我说:

"Goodbye T. Grace！"瑞瑞终于主动说 bye-bye，我内心兴奋地跳跃着，但却努力保持镇定，对他微微笑，用平常的口气跟他说："Good bye，瑞瑞你今天很棒！"

此刻，如果大人很激动地对孩子说："天啊！你好棒，你说了 goodbye 了。"有时候反而会惊吓到他们，甚至让前面所做的努力前功尽弃。

接下来，我们陆续换了几个小暗号，即使不是我送他下楼，瑞瑞看到我也会特别对我微笑，或点头、眨眼，或跟我道早安。渐渐地，他也开始跟其他老师们打招呼了。

Teacher Grace's Time

也许,我们可以换个方式强迫他!

"适性发展"近几年成为教育中的流行语后,父母越来越能够尊重小孩的意愿,知道应该放慢脚步等等孩子,但在尊重与原则上,如果没有拿捏妥当,就会让很多应该坚持的事情松掉螺丝,例如上述打招呼的例子;或者,父母不想和孩子僵持,顺手做了他们可以自己完成的事情,例如应该收好玩具才能吃饭等。

大家应该发现,当我们要求孩子做他不想做的事情，两方僵持不下时，结果都是孩子被压力逼得大哭，而父母只好妥协。

但 Grace 认为！**该坚持的事情，就一定要坚持！**在这里我想再强调一次，关于养成正确习惯、安全这类的事情，无论孩子如何抗拒，大人一定不能够让步。我会让孩子知道：**你可以不开心，你可以哭，但这件事情很重要，我一定要这么做。**

学龄前是孩子养成习惯的关键年龄，很多爸妈会在这时候训练孩子收玩具、自己吃饭、打招呼等，这是没问题的，但往往一个不小心会让这些要求变成孩子的负担，其实，只需要掌握一个诀窍，那就是：把他该做的事情变成游戏、变得有趣！

第一次发现瑞瑞坚持不打招呼时，如果我跟着妈妈和外婆一起指责他，只会让他觉得难堪、有压力，更排斥你希望他做的事情。后来我观察了他两天，想知道是否有什么特殊原因让他不愿意做出"打招呼"的动作，但看见他平时和老师、同学正常地互动，要回家时也是很开心的情绪，并没有人际发展障碍，唯独在家长要求"打招呼"这个时刻，态度变得特别别扭，大概就猜到原因了，他就是不喜欢这种感觉！

前面提到，边收玩具边唱歌，或者跟瑞瑞创造不同的打招呼方式，都是花点巧思就能提高孩子对事情的接受度，**有的时候，小朋友的毅力出乎意料的强大，他就是要这么僵持地跟你耗，大人未必有他的耐性，但一定有足够的智慧让事情转个弯。**

当孩子不愿叫人
你可以这样做

"这是妈妈的朋友,如果你不想说话,也可以笑一下点个头,一样是有礼貌的孩子喔!"

04

最容易让孩子不开心的这句话,你常说吗?

"我觉得你今天好像心情不好。"
"没有啦!妈妈就一直说要快一点、快一点啊!"

"走快一点""吃快一点""快一点，要来不及了"……这些话你对你的孩子说过吗？经常说吗？

五岁以内的孩子，肢体协调与专注力持续成长，这也是大量练习许多动作和熟悉生活步调的阶段，在自己的步调中，总是听见大人说"快一点、快一点"，打乱他们认定好的次序感，对他们来说是很恼人的一件事。

案例
你的小动作，孩子的大情绪！

苏菲是个很漂亮的小女孩，每天看到她，头上总是绑着整齐的辫子和可爱发饰，看得出来妈妈对她很用心，很愿意花时间帮她打扮。却不知道从什么时候开始，我们发现苏菲变了。

一开始，老师先观察苏菲的状况，某几天总是会臭着脸来上课，很不开心地跟妈妈说再见，到了上课时间，情绪仿佛就恢复了，没什么异样，但到了隔天早上，却又是板着脸到学校，放书包、拿水壶几乎都是用摔的。虽然老师问她，她也说不出生气的原因，但我们悄悄地归纳出，只要苏菲绑马尾来上课的那天，她的心情就会特别不好。

那一天，我特别在游戏时间走去跟苏菲聊天。

"苏菲，你今天早上好像不太开心耶？"

"喔！没有啊！"

不知道她是不愿意说，还是不知道怎么说她不开心的原因。

"是喔！我就觉得你今天好像心情没这么好。"

"没有啦！妈妈就一直说要快一点啊。"

"妈妈说要快一点，所以你不开心吗？"

苏菲没回答但表情稍微缓和，我仍然猜不到原因，于是今天就先告一段落。

隔几天，又看到绑着马尾板着脸的苏菲，于是，我又凑过去跟她聊天。

"Good morning 苏菲，怎么看起来又心情不好？"

"没有啦！"她嘟着小嘴。

"是今天早餐不好吃啊！"先瞎聊一下。

"不是啦！"

"喔……你今天没有夹发夹耶！"技巧性地试探头发的话题。

"对啊！妈妈就一直说要快点。"

"这样啊，因为要快点，妈妈没时间帮你绑辫子吗？"

"对啊！ Teacher Grace，你可以帮我绑辫子吗？"

"好啊！但是你不喜欢绑马尾喔？"

"不喜欢。"她摇摇头。

"妈妈说要快点"的关键词,第二次出现了,但是她依然说不出具体的原因。

结束这次聊天,我请她的老师多留意她,若看到她头发不整齐或绑马尾,可以帮她绑个辫子。

隔天早上,我在校门口等苏菲和她妈妈,苏菲进去后,我趁机问了妈妈,最近是否比较忙碌,比较没时间帮她绑头发,妈妈告诉我,因为生了弟弟,两个小孩一下子忙不过来,没办法像之前一样有时间帮她打扮,而她也发现苏菲有时候会比较不高兴,大概是因为被催促的关系。

"妈妈,我们也有发现,如果早上苏菲的头发没有绑得很漂亮,她那天情绪真的会特别差,学习状况也比较受影响。"我如实地告诉妈妈。

"真的吗?怎么可能?"

妈妈很难相信,"绑头发"对孩子的情绪影响这么大,我请她找一天特意帮她绑马尾,然后让妈妈偷偷上楼去看看苏菲。妈妈亲眼见到她摔书包、撞椅子的模样,才相信了。

原来大人要孩子"快一点",争取那小小的几分钟时间,竟能影响孩子一整天的情绪。

最后,我们讨论出一个解决方式,请妈妈告诉苏菲:"以后如果没时间帮你绑头发,妈妈会请学校老师帮你绑,妈妈变忙了,但还是希望可以让苏菲每天漂漂亮亮的。"过了一阵子,我们建议让苏菲搭校车来上课,有了校车接送,她们的时间更加充裕,这样就减少了许多"快一点"的催促。

Teacher Grace's Time

不要小看规律作息对孩子的影响

规律的作息，无论对大人还是孩子来说，都是一件很棒的事情！不过，孩子们的弹性不像大人，可以因为突发事件而随时调整。**当他们已经养成了固定的作息，或者正在做某件喜欢的事情，突然被中断对他们来说，是相当于晴天霹雳的事情。**

妈妈帮自己绑漂亮的辫子，对苏菲来说不只是漂亮的方式，我相信她更享受于妈妈帮自己绑辫子的两人时光,突然弟弟出现了,苏菲的年纪,还在学习"体谅",她此时对"妈妈必须一次照顾两个人,没有时间像从前一样帮她绑辫子"无法产生理解,可能只能解读成:"有了弟弟,妈妈一直说快点快点,妈妈不能帮我绑头发了。""为什么以前都可以绑头发,有了弟弟就不能绑头发了?"

另外,妈妈决定让她改坐校车时,我们对她的说法是:"妈妈为了早上能有时间帮你打扮,'特别'请校车接送你,这是爸爸跟弟弟都没有的喔!"这不是哄骗,而是相当有技巧性的沟通方式喔!

我能理解家长在忙碌的生活中,分身乏术之余,偶尔会忽略小孩的一点小情绪,但只要能花点小心思,事前的沟通"妈妈因为早上要准备你跟弟弟的早餐,会比较忙，可能偶尔无法……"，或者忙碌之后的关心"这几天你为什么不太开心？"，都能够帮助他们解决人格发展中的难题，陪伴他们一起找方法，克服不悦的情绪、学习体谅他人。

05

不主动、不积极的孩子，一定要推他一把！

你现在已经做到你的最好，如果你喜欢这样子，以后你就可以自己争取。

凡事不与人争，默默在团体中不吵不闹的小朋友，应该是老师和家长心中的乖宝宝，却也是最容易被忽略的孩子。人都有荣誉感，以及想要取得自己喜欢的东西的心态，特别是孩子，更无法隐藏或退让。但是，一个孩子能够轻易让出自己想要的东西，对老师的赞美和责备无动于衷，是否，还能放任他"与世无争"呢？

案例
不争不抢的孩子，你觉得对吗？

小克中班进到学校之前，妈妈带他参加过云门舞集和其他才艺班，他的人际互动和应对已经发展得很好，上课之前，妈妈也表示，小克个性温和，极少闹情绪，但动作特别慢这点有时会令人困扰。开始上课后，果然发现小克总是团体中最慢的一位，吃饭吃最慢、排队永远走最后，老师发问更是从来不举手发言。

对很多老师而言，像这样的小朋友，其实不需要花费太多心思，只要他能跟着团体好好学习即可，从某个角度来看，根本就是天上掉下来的礼物！一天，我偶然看到的一幕景象，让我决定不应该让他这样下去了。

游戏时间,老师会让小朋友自己在不同的游戏区中,挑选自己喜欢的玩具,小克看中一台玩具汽车,正打开门时,有个小朋友突然冲过来,抢先一步坐到车里,一般情况下应该会上演大哭告状、争执吵架的戏码,但小克却没这么做,他愣了一下,默默退到一旁,找寻别的玩具了。不对啊!完全不对!这不是这个年龄的孩子该有的反应。

"小克,你刚刚是不是想玩那车子?"我凑到他身边。

"喔,对啊。"

"但蔓蔓插队抢抢走车子,你要不要跟她说是你先看到的。"

"不用啦!她想玩就让他玩好了,我等没人再玩。"

"可是,明明是你先碰到那台车的啊!"对于这种不积极的小孩,越要刺激他。"嗯,对啊……没关系啦。"

"但这样你就吃亏了耶!"

"没关系,总有一天我可以骑到啊!"仍然是默默淡淡的口气。

"那一天可以是今天,只要你现在去跟她说。"

"不用了,"口气依旧淡定,"等没人我再去,他们要玩就让他们玩好了。"

"……"鼓动失败。

之后的几天，我的眼光总是会特别瞄到他身上。小克不只是单纯的动作慢，孩子对于争取老师和同学赞美的荣誉心，保护自己喜欢东西的积极性，几乎都没有，我并不想放任他这样下去。

某天，大家上完厕所洗手的时候，所有小朋友都洗好进教室了，我看见小克正在慢慢地冲水，假如大部分的小朋友是小兔子，他应该就属于小蜗牛那一类，我希望他至少能试着跟上其他人的脚步。我走到他旁边，对他说："小克，洗手要洗快点，才不会浪费太多水喔！"

"喔！"他加速了，从小蜗牛变成大蜗牛的速度，还是赶不上其他的小兔子。

"这样，这样洗才对。"我抓住他的手帮他洗，让他感受"快"的速度。末了，他仍缓缓走进教室。

中午吃饭时，我也在一旁叮咛着："要吃快点喔，不然你就没有时间睡午觉了。"也抓着他的手，舀一口放进嘴里："要这样，这个速度才对。"那一两天，我发现他的动作比平常快了一点点，但是我很清楚知道，那只是为了配合我的要求，并不是打从心里想要改变，在我一次次催促下，他终于如我意料中爆发了。

那一天，当大家都吃完午餐准备刷牙，我又注意到他"慢慢地"移动，"小克快点啊！吃完饭快去刷牙了。"我再次"盯"他。

"为什么都一直叫我快点快点？到底为什么要快点！"我从来没听过小克一次说这么多话，还带了点小小的怒气，他是真的生气了。

"这样啊……那不要快点的话，为什么要慢慢地？"一时不知道该怎么回答他的问题，但又不想被他考倒，只好先把问题丢回去。这招很好用，爸妈一定要学起来！

他回答我："我慢慢地，可是我都有把事情做好啊！"

孩子的应答很直接，但大人们要能听到他说出这句话背后的原因，当他说出"我慢慢地，可是我都有把事情做好啊！"我的解读是，小克是认真想把事情做好，只是他觉得大人们都看不到，他也不理解为什么快才是好。

"喔，原来是这样，好……那你就慢慢地！从现在开始我准许你可以慢慢地。"我顺着他的说法："但你要真的很慢很慢，而且要把事情都完成喔！"

"好！"

"那你现在慢慢地把碗擦好，然后慢慢去刷牙吧。"

我改变策略，并且答应他："好，如果你觉得慢慢地才能把事情做好，那Teacher Grace答应你，从今天开始你可以慢慢地，但是要很慢很慢，而且要把事情做得很好，不然你就要再做一次喔！"

第二天开始，我便严格要求他"慢慢把事情做好"。
"小克你走太快了，这样可能会跌倒喔！"
"小克洗慢一点，才能把碗洗干净，你刚刚洗太快了。"
"被子要折慢一点，这边都没有折整齐，你不是说慢慢地才可以做好吗？"
"你刷太快了啦，这样怎么刷的干净呢？我有叫老师等你，你再慢一点。"

就这样，烦人又龟毛的轰炸式挑剔他几天，不久他的动作突然变得比较积极，甚至跟我说："Teacher Grace，慢不一定好，我快一点也可以做好啦！"哈哈。

接下来，我持续跟他在"快一点"和"慢一点"中推推拉拉，小克动作慢慢变得不再只是单一的低速，偶尔也会小小加速。一次校外教学，学校安排小朋友到消防队参观，过程中进行了防震演习，让孩子到地震屋体验消防队救援的流程。活动结束后,我特意走过去跟小克聊天。

"你在地震屋有看到消防叔叔救火的影片吗?"

"有啊。"

"遇到火灾的时候,大家都很快跑出来对不对?"

"对啊,我有看到。"

"所以啊,你现在已经知道不是慢慢地才能把事情做好,遇到一些事情,要很快才能做好,有些事情是必要的快,所以你平常才要练习。"

"嗯,我知道。"

"我知道你慢慢地可以把事情做好,但是如果你快一点也做得很好,你的老师就会看到也会说你很棒喔!"

那个学期,不只是与他在快慢之间斗法,这中间我更在意的是他对"荣誉感"的态度,不在乎荣誉感,所以不想竞争,慢慢地就会变成无法竞争,这个态度对孩子的影响相当深远,不能不处理。平时上课,我请老师尽量点小克发言,例如大家轮流念故事的时间,点他起来念,念得好就让小朋友拍手,让他感受被赞赏的感觉。

学期末,我又找了一个机会和小克聊天:"老师跟我说你现在念故事给大家听,念得很好,你很棒喔!我想告诉你,你现在已经做到你的最好,老师跟同学都给你鼓掌,如果你喜欢这样子，以后你就可以自己争取，主动让老师看到你，找到让自己shining 的机会。"

下一个学期，小克偶然看到我经过教室，跑来跟我说："Teacher Grace 你看，这是我今天画的喔！"

Teacher Grace's Time

当你的孩子比一般孩子更乖巧，更要多注意他的心情

小克最主要的问题，其实不是速度，而是他"不在乎"的态度，不在乎荣誉感，不在乎喜欢的事物被剥夺，小小年纪，就已经是冷眼看世界的态度了。

几次和小克妈妈聊天，以及我的观察，我猜想可能是他太早进入团体学习的竞争环境，小克进入才艺

班时，年龄很小，表现不容易被看到，又或者习惯了看年龄大的孩子的表现，从不懂得如何表达，到消极的不想争取，渐渐变得对许多事情不在乎。孩子们的行为，都是循序渐进有机可寻的。

小克个性很温和，所以他的问题在团体学习中是很不容易被发现的，这个故事也希望提醒爸爸妈妈，不争不抢的孩子不一定是因为他个性好。的确，每个孩子性格不同，有温和或积极，但好恶表现一定都是显而易见，这是人的天性，差别只是行为反应的强弱，当发现孩子"对什么事情都不在意"，或许要特别留意，找出行为背后的原因来帮助他们。

对于积极度不够的孩子，最好的方式是**制造机会**

让他们感受到"争取后的成就感",让他们知道并发现自己有能力争取自己想要的事物,透过正向的感受,鼓励他们主动改变。

过度热心的小帮手，给别人造成困扰怎么办？

休息一下，给别人机会，他自己会发现他的错误！

前面的案例是帮助孩子找回荣誉感,这一则,我们来说一个把荣誉感当成使命的小朋友。相信很多爸妈都有这个记忆,班上有个同学(通常是女孩子),很喜欢管东管西,不停纠正大家的缺点,甚至还会跑去跟老师告状。

这样的孩子通常相当热心,也很主动,但在班上人缘都不太好,如果你的孩子个性是这样,该如何帮助他呢?

案例
爱告状的女孩

小优是个聪明又漂亮的小女生,她对自己的穿着、行为表现要求很高,同时也会把这个高标准放到别人身上。平时小优的行为和课业几乎是学校的模范生,很仔细听老师说的每一句话,记住每一个规定,然后……去抓别人的小毛病!例如:

"老师说要坐在小球的上面,可是他坐在前面。"

"老师,他刚刚说他喝完水了,可是他没有喝完。"

"老师,有人玩具没有收好,他放错了。"

我跟她说:"小优你要不要先玩自己的,一直看别人,你都没有玩到耶!"她倒是回我:"没关系啦,我可以当老师的小帮手。"

有时连外籍老师都会忍不住跟她说:"Mind your own business！"

诸如此类的状况，即使这样让她人缘不好，她也不太在意，但却让许多老师相当困扰。某天上课上到一半，我把她从教室叫出来，她带着疑虑的表情站在我们面前。

"你不用担心，你没做错事情，我只是想跟你聊一下。"

"好，可是不能聊太久，我要回去上课。"真是个认真的孩子。

"为什么不能聊太久啊？哇，你今天穿的裙子很漂亮耶！"

"喔，没什么啦！我妈妈买的。"

闲聊一阵子后，我告诉她：

"你一会儿可以在这边玩，先不用进教室。"

"为什么？"

"我觉得其他小朋友需要休息一下，你也要休息一下。"她露出不解的表情。

"你表现得很好，得到老师很多肯定，也会指正别人错误的地方。但是其他小朋友也需要表现的机会，一直看着大家你也会很累，所以我想让你休息一下，也给其他小朋友表现的机会啊！"

"可是……他们都一直做错，我才要跟他们说。"

"小朋友犯错,老师会帮他们纠正,那是老师的责任。"

"但是老师常常没有看到,所以我才要帮老师忙啊!"她相当择善固执。

"这样好了,"我带着她到办公室,拿给她一本有各种颜色的便条纸,"既然你这么容易看见同学的错误,可是别人也需要自己发现的机会,这个笔记本给你,以后你看到同学犯错,就翻一张,但是不可以讲出来,也不能告诉老师,让他们自己有发现错误的机会,好吗?"

也许听起来是个有趣的游戏,小优答应我了,当她翻完一本便条纸,我再给她一本新的,一个学期下来,她一共翻了十五本。

学期末,我找她到办公室,一起"检视成果"。

"你看,你翻了这么多本!"

"哇!有这么多人犯错喔!"她的表情有些惊讶。

"是啊,你提醒我看到好多人犯错,但是你都没有说出来,让大家自己去发现错误,现在大家都很棒喔!"

"真的啊?"

"是啊,可是如果你把这些错误通通讲出来,大家可能都会很难过。你想想,如果我讲了你这么多缺点,你会怎么样呢?"

"那我可能会活不下去了。"超级小大人的回答。

言语说出去就说出去了，没有控制力，透过这些便条本子，小优一下子看到自己发现这么多错误，似乎也震撼了。

我告诉她，下个学期我不会再给她本子，请她试着把错误记在心里，一样不要讲出来："如果你不说，就是给她们机会自我修正，是帮助他们，好吗？"她同意了。

某一天，和老师们开完会不久，小优跑过来跟我说："Teacher Grace 我受不了了，小洁在你们开会的时候一直站起来玩，我看到五次了！"一个小时不到，她忍了五次，也算是辛苦她了。"好，你真的很棒，她这么顽皮你还给她面子，好，我等一下会去跟她说，谢谢你。"

期末表演，我们等所有大班同学吃完午餐，准备化妆，可能感觉时间要来不及，小优又发言了："老师，她吃得好慢……"

我笑着说："你自己的吃完了吗？"

小优："喔，好，让她自己吃……我知道了。"

我想她已经明白我的意思，并且越来越懂得包容同学的"错误"了。

Teacher Grace's Time

**让孩子意识到自己行为带来的影响，
比直接纠正更有用。**

过度热心的孩子，在"正义感"和"管太多"之间，往往不知道怎么拿捏，我们要纠正这样的行为，还必须顾虑到他们的自尊心，毕竟他们的出发点并不是错的。

在处理小优的案例上，我相信她的出发点是热心，但却不知道自己给老师和其他小朋友造成了困扰，我先透过一些小技巧转移她关注的方式，从"告诉老师"变成"翻便条纸"，让她有宣泄的管道又不影响他人，学期末，当她见到自己的"成果"，是震惊的，有了眼前的证据，她才真正意识到自己原来做了这么多"纠正别人的事"。接下来，再跟她讨论做法，才能让沟通更有效。

"给别人自己改过的机会，比当下纠正他更好"是我给她的解药，小优希望每个人都能依照她的标准，跟她一样"好"，一样"乖"，我们不能期许这个年纪的孩子站在不同人的立场思考事情，但至少可以告诉她，放慢脚步，去等待别人。

在这个案例上，我想特别来谈谈"小孩警察"这个状态。比较早熟的孩子，学习发展快，不只爸妈或长辈会多教他很多事，他们也会通过自己的观察和学习，变成比同龄小孩成熟的小大人。不知道各位是否发现，大人日常生活中都是同一个步骤做事情，偶尔没有按常规步骤做事，有些孩子会马上纠正你，告诉你不应该这样，应该如何如何。

和小优妈妈谈话的时候，她告诉我："小优在家就像个小大人，对爸爸管东管西，总有她自己的一套说法，我们常常拿她无可奈何。"我想，小优的妈妈说这句话时，除了对女儿的无可奈何，同时也包含着对她的"过度宠爱"。

大人和小孩毕竟是不同的，而设定这个界限的人，绝对是大人！父母为了尊重孩子，把自己和孩子的位置放得太平，模糊大人和孩子之间的界限，不只会在管教上造成父母的困扰，孩子接触外面世界时，恐怕也会出现不合宜的态度。

爸妈请记住，一定要让孩子明白："我可以给你自由的空间，但空间有多大是我决定，不是你！因为你是小孩，我是大人。"

07

为了玩游戏，
不顾一切打乱该有的作息，该怎么办？

不然给你第二个选择，可以吃饭、学习又能玩游戏。

大部分男孩总是顽皮得令人头痛，容易受到家长和老师的"关注"，对于顽皮的孩子我从不伤脑筋，因为这是他们的天性，自然又可爱。反而是安静内向的孩子，爸妈习惯了他们乖巧听话的样子，容易忽略他们成长中的变化，往往发现的时候，就是一发不可收拾的状态。

案例
当草食男变小猛兽

乔乔是学校里少数例外的乖宝宝男孩，他的个性相当温和，甚至有些内向，说话声音像小猫一样，我们都猜他长大后，应该就是"草食男"那一类的男生，好担心他会被女生欺负。

平时上课时，得要老师点名然后鼓励一番，他才会大声发言，乖巧的乔乔就一直这样，安安静静地念完中班和大班，没料到，小学一年级那个暑假，因为"破关"这件事情，让他整个性格大变……

小一开学后的头一两天，乔乔天天吵着不要去上学，每天都哭得像个泪人儿的到学校，下午又心不甘情不愿地到安亲班里，小孩对新作息本来就需要时间适应，学校和妈妈讨论之后，采取鼓励策略，因为大家对乔乔的个性太有把握，这个乖巧的孩子一定很快就能接受大人的安排。

一个礼拜之后，乔乔果真慢慢改变态度了，但不是适应的妥协，而是更加激烈的反抗。他发现白天上学免不了，于是他开始激烈抗拒下午的安亲班课程，从一开始默默哀求，到后来怒哭、狂叫，出现极度剧烈的反抗，那种从未在乔乔身上看到的暴躁情绪，让妈妈和老师吓得以为他是被什么附身了。

后来，我们又发现，乔乔每个星期二、星期四，也就是妈妈晚上去当义工的时间，会闹得比平时更加严重。

"在安亲班有同学欺负你吗？"
"没有！"
"你不喜欢老师？"
"喜欢。"
"那为什么不想来呢？"
"我就是想要在家里。"
老师关心慰问无解，妈妈一度想放弃让他来上安亲班，但我直觉认为这中间一定有很大的问题，于是请妈妈让我再跟乔乔谈谈，我要亲自会会这个小家伙！

星期四下午，接小朋友的车子出发后二十分钟，我接到一通意料之中的电话。"Teacher Grace 你快来吧，乔乔又开始了！"电话另一头，传来老师无奈的声音。

"好，我马上过去。"我跳上出租车，赶往那里。

出租车门一开，就听到巨大的哭吼声，"不要……不要去……我、要、回、家！"若非亲眼见到乔乔失控的样子，我很难相信一向乖巧温和的他，竟然真的像其他老师描述的，不顾一切躺在地上打滚、嘶吼、拳打脚踢，攻击每个想靠近他的人，下出租车的那一刹那，我偷偷地深呼吸一口，掩饰我的惊讶。

"乔乔，乔乔，你现在在干吗？"因为他在大哭中，我必须用比他更大的音量吸引他的注意。听见我的声音，他挥手的弧度变小，想必是很惊讶 Teacher Grace 怎么也来了。

"乔乔，你可以告诉我你在干吗吗？"

"我不要去安亲班，不要去不要去！"

"你是不是不舒服，要不要我带你去医院看医生？躺在地上打滚，背很痛吧！有没有受伤呢？"

先不回应他的抗议，用关心平抚情绪，让他知道我是来关心他的。

"没有，没有受伤。"

慢慢地,他稍微镇定地坐起来,我才靠近他蹲下来,眼睛看着他。

"好了,站起来吧!有什么事情可以讲的,你刚刚的样子吓到我们了,我知道你从来不会这样的。"他站起来,但不说话。

"你想回家是吗?"他点头。

"为什么?"不说话。

"好!这样好了,你不想去安亲班可以讲的,让妈妈和老师知道原因,我们都可以帮你。现在,你先跟我回去,我会帮你跟妈妈说,但你不可以再在地上打滚,要好好讲。"

回到学校,我们到沙发区坐着,先倒杯水给他,准备我们之间一场理性的沟通。

"我知道你开学之后,前两个礼拜不想去上课,现在又不愿意到安亲班,你说你喜欢老师,但你为什么不想来呢?"

"因为阿公阿嬷在家里。"

"阿公阿嬷最近来家里住吗?"

"不是,阿公阿嬷一直住在家里。"喔……好的,所以阿公阿嬷只是借口。

"乔乔,其实安亲班是可以退费的,但是你必须告诉我,为什么你要回家,这样我才可以帮你跟妈妈谈。"

"因为……我要过关。"喔喔!竟然,是为了打电动!

"你说的是电动游戏的关卡吗?那是什么样的游戏?要怎么破关?"

好不容易问出原因,此时切忌开骂。既然破关是他现在最关切的事情,我得站在同理心角度跟他一起讨论问题。

"是打怪兽的,我现在过到七十关了,只要拿到宝物,就可以……"他开始描述他的游戏,神情跟刚刚的愤怒、沮丧完全不一样,他眉飞色舞地告诉我里面有什么怪兽,有什么宝物,以及只要他白天打三个小时,晚上再打三个小时就可以过几关,几天之后就能拿到宝物,计算得非常精准。

一面听着他的叙述,我在心里也准备好开给他"情绪生病"的药单了,"好,我现在知道原因了,等下我会打电话给妈妈让他带你回家,但是你必须答应我一件事情。"

"什么事情?"

"既然现在这件事对你是最重要的,所以你要连续三天不可以吃东西,不可以喝水,不可以睡觉,一直到你破到一百关为止喔!"

"连续三天不可以吃东西,不可以喝水,不可以睡觉"在孩子的想象中,是不可思议的,通常会反射性地抗拒。

"什么！我不要！"相当吃惊的表情，想不到我会来这招吧。"为什么，你不是想要把握每一个时间破关，这样子你才可以快点完成啊！"

"可是，吃饭跟睡觉是必须要做的啊……"很好嘛，还知道要吃饭跟睡觉。

"学习也是必须要做的，为什么就可以舍弃？既然破关很重要，当然其他就全部不要啊！"

"不要……Teacher Grace 我不想这样。"

"但是，你躺在地上拳打脚踢，不就是想一直打电动吗？"

"我不会了啦！"

"不然，有第二个选择，我们一起来做一个计划表，可以吃饭睡觉跟学习，又能知道什么时候能破关。"

"真的吗？"

既然他非做这件事不可，与其阻止他，不如跟他站在一起，帮助他完成目标。

我帮他做了一个月的时间表，里面规划着每天上学、安亲班时间、吃饭、洗澡，当然有最重要的打电动时间，每天可以打两个半小时，加上假日比较多的时间，估计到月底就能破到一百关。看到破关进度被具体规划出来，他似乎非常满意。

"你看，你每天哭闹不来安亲班两个小时，最多也只能破两关，现在这个时间表，可以完成你该做的跟你想做的，很棒吧！"他开心地点点头。

"而且，你知道吗？游戏设计这么多关卡，就是要让你慢慢玩，而不是要你不吃不睡也不读书。"

"我知道了。"

达成作息计划，只是成功的第一步，为了预防他又突然失控，我打电话告诉妈妈整个协商的过程，并且教她"要一直打就打到不吃不睡"这招，请她配合着使用。果然，一周后妈妈就告诉我，他的确有发生过几次停不下来，不肯关机的状况，但只要跟他说："没关系，要继续打的话就打到明天早上，不准吃东西，不准睡觉！"虽然他不太情愿，但至少会立刻关掉计算机了。

几周后，我关心地问他："怎么样，最近破到第几关了？"
"已经一百三十五关了！"
"哇，你好厉害，比我们预定的时间还早耶！后面的怪兽是不是越来越可怕？"
"对啊，现在比较难破关了。"
"但你还是很厉害啊！而且，你依照着时间表破关，每件事情都做得很好，这样真的很棒！"

"对啊！"

"你要记住喔，有件事情你喜欢是很好的，但是要对你喜欢的事情做好规划，不可以把原本该做的事情忽略掉，弄得乱七八糟。"

"好！"

又过了好一阵子，偶然在走廊上遇到他，我问他："乔乔，最近在玩什么游戏？还是打怪兽那种吗？"

"没有啦，我觉得那个有点无聊了，我现在玩一种日本的益智游戏喔……"

Teacher Grace's Time

　　乔乔一直是个文静的孩子,却迷上了一个跟真实世界的他完全搭不上的杀戮、打斗游戏,且不论这是否是他另一个情绪出口,或者只是单纯着迷于游戏趣味,至少他已经让喜欢的事情,完全弄乱了原本的生活。

　　孩子的自主意识会随着年龄增长逐渐增强,为了自己当下想做的事情,他们不会思考到行为背后所要承担的结果,大人此时的角色就是那个让他预见结果的警告灯!

已经上小学的乔乔不适合用禁止的方式处理，我让他选择可以不顾一切地完全只做他喜欢做的事情，用不吃不喝的说法，让他想象生活全部乱掉的感受，他很聪明，光用想就知道行不通。

接着，给他选择，提出计划，把作息跟他希望的目标，具体用时间表呈现出来，有眼见为凭的直接证据，他就更容易理解了。

在处理这件事情上，我认为打游戏并不是不对的事情，没有必要禁止，这恰好是一个教孩子如何规划时间的好时机。

大人在忙碌之余，偶尔让小孩自己玩是没关系的，但无论是打电动还是看卡通，也要适度了解他们所喜欢的东西，莫与孩子产生太大的脱节，不要小看小孩对某些事情入迷的程度，对于喜欢的事物，他们很快就会陷入无法自拔的境界，稍不注意，你会发现他不知道脱轨的开到哪边去了。

当孩子作息偏离轨道
你可以这样做

1. 找来孩子一起商量"可以帮你做想做的事情,又不会让大人催促"的方法。
2. 协助他做出"作息表",具体呈现他想做和应该做的时间。
3. 眼见为凭,对孩子来说,比任何说教都有效。

出现暴力行为,男孩告诉我:
"他不乖,我要惩罚他!"

我知道你不喜欢,
但是你做了同样的事情,
让其他小朋友不喜欢。

我并不反对父母体罚小孩!

这句话,在许多现代父母听起来,是否觉得老师很可怕,会打小孩……不,学校里我们不会打小孩,而且,Teacher Grace从来不需要"动手",就能让小朋友听话。

但并非每个爸妈都是 Teacher Grace,而且,我知道很多小孩在外乖宝宝,回家小霸王的案例,适当的体罚,的确可以达到警示作用;但在处罚孩子的同时,请留意孩子的反应,并且思考两件事:

这个处罚方式,真的有效果吗?

这个处罚方式,对孩子是否造成更不好的影响?

案例
小聪明变小霸王

冠冠是个十足聪明、可爱,又人见人爱的孩子,从小就是集众宠爱于一身,有太多大人喜欢逗他,两岁进到学校的幼幼班的时候,他已经是很会说话,很懂得和人互动的孩子。

你经常可以见到他一派轻松地与大人攀谈……"小优的妈妈,早安!""Teacher Annie 你结婚了吗?你有几个小孩啊?你老公下班会来接你吗？"等等。

　　老师们私下也笑着说，自己的私事都被这个小孩调查光了。当然，像这样个孩子，上课喜欢发言、偶尔不守规矩引人注意都是很自然的，冠冠也就调皮捣蛋一路到中班，渐渐地，老师们发现这个可爱的孩子，从自己的好动、顽皮转移到对别的小朋友动手动脚……

　　"冠冠打我""冠冠刚刚推我""冠冠……"小朋友告状的状况越来越频繁。一天，冠冠又在厕所把一个小朋友推倒受伤，这次情况比较严重，但我忍下来让他的老师处理，只是在老师处罚他时，刻意经过走廊，跟他说："你最近做的事情，我都知道，我希望你自己调适好，不要等到我找你谈。"这是一个警告，也是预告，让他知道，下一次就是我要处理了，希望他有自觉。

　　不出我所料，他乖个两天，小捣蛋又忍不住开始作乱了……全班上厕所的时候，这家伙故意用水把一个同学泼得全身湿透，他被老师叫到教室外面罚站，我看见他站在走廊上，一会儿东张西望，一会儿转圈，一会儿又蹲下，自在得很，一点都不像被处罚不开心的样子，我决定亲自出马了！

　　"为什么用水泼人？"

对这种聪明的孩子，就是要直接切入重点。

"我是帮老师看着他，他上完厕所没有冲水！"
"老师有请你看着他吗？"
"没有啊！可是他不听话，我要处罚他！"
"那上一次推莉莉呢？"
"因为她没有排队啊！所以要处罚她！"

"处罚"重复说了两次，似乎是关键词了。

"好，你这么喜欢帮老师注意其他小朋友，那我让你帮我看着他们，但是，如果他们犯错，你只可以记起来，然后告诉我，不可以自己动手！"他低着头不说话，我只好继续说："如果你自己动手的话，你怎么推他们，我就怎么推你，你知道我的力气比你大，可能会让你受伤很痛，但是如果你受伤，我会帮你叫救护车，所以不用怕。"

第一次的对话结束，算是一个开始，我知道他心里还是不服的，很快会再犯。果然，当天下课后，我就接到老师的电话……根据描述，当时同学们依序下楼时，先是听见冠冠大喊几声："小艾，老师说要排队……要排队！"接着，他就推了同学一把，幸好老师就站在下方一把接住，否则真的要送医院了。因为是放学时间，老师见到妈妈也直接跟妈妈讲刚刚发生的事情。

第二天一早，我知道冠冠的妈妈会送他来上课，很早就在校门口等他们，冠冠的妈妈是个很温柔又客气的家长，一见到我马上道歉，并表示昨天晚上爸爸已经重重地处罚他了。

我很早就知道冠冠的爸爸会体罚他，看见他今天不太说话，落寞的样子，想必昨晚真的被"重重处罚"了。进到教室后，冠冠表现得比平时安静，跟同学互动不像平时那么热络，表面上看起来乖乖的，但小动作频频，喝个水踩到同学，马上说"Sorry"；睡午觉前把别人的鞋子踢走，再举手跟老师说："老师，他鞋子没有放好！"

"我今天看到你故意踩别人、丢人家的鞋子。"他应该知道我找他的目的，我把他叫进到办公室后，一样采取直接进攻模式。
"我要处罚他！"同样的说辞。
"所以，你昨天被爸爸处罚了吗？"他不说话。
"你可以跟我说吗？不然我就得自己去问爸爸了。"
"不要问他！我不乖，所以被打。"提到爸爸，他有点紧张。
"打哪里？"

"……就乱打。"想必是全身都被打了。

"所以你觉得,你推同学有不对吗?"我想听听他真正的想法。

"没有!我是处罚他们。"

"上次我们不是有说过,当你觉得别人做错了,要用说的。"

"我有啊,我有说!"

"你没有说出来,你只是在心里说,然后就像爸爸打你一样打别人吗?"

他沉默。

"爸爸都怎么打你?"

"吃饭吃到一半,妈妈说我在学校不乖,爸爸就把我抓起来打……"

"你很不喜欢爸爸这样突然打你对吗?"

他看了我一眼,说:"我讨厌爸爸这样打我。"

"你在生气了。"

"对,因为我打不过爸爸,所以我生气!"

"对,我知道你不喜欢,但是你做了同样的事情,让其他小朋友不喜欢。你看到别人犯错,可以用说的,可是你动手了。"他的脸上依然是不服气的表情。

"爸爸假日会带你出去玩吗?"

"会啊!"他抬头看了我一眼,好像惊讶我突然问这个。

"你平时乖乖的时候,他会突然打你吗?"

"不会啊!"

"你知道吗?这表示爸爸很爱你,所以他虽然平常很忙很累,假日还是会带你出去玩。他知道你不乖,平时太忙没办法讲很多,所以打了你。"

虽然我不赞成他爸爸处罚他的方式,但这时候我必须帮爸爸说话,说明爸爸打他的原因和爱他的事实,解开他的心结。

"上次我请你帮我记下犯错的同学,你有记起来吗?"

"有!"接着,他开始描述他看到哪个同学不乖,谁在什么时间做了不该做的事情,我拿出笔记本,煞有介事地记录,一边点点头。

"很好,谢谢你,冠冠。"见他情绪和缓,我想是进入纠正他的好时机了。

"冠冠,你是个守规矩的孩子,但最近却因为守规矩而没做好自己的事情,还被爸爸打,你觉得这样好吗?"

对聪明的孩子,就要用成熟一点的沟通方式,让他思考。

"我想请你继续帮我做秘密任务,但是你必须用正确的方式,就是记起来然后告诉我,而不是自己动手。如果你再动手,我就要取消你做秘密任务的资格,好吗?"他答应我了。

一周后,我发现他不再对同学动手,便告诉他,秘密任务的下一个阶段,就是看到同学犯错,直接去告诉老师,那几天,他四处找老师告状,人缘也变得特别不好。又过了一周,我把他找来:"秘密任务要进入第二个阶段了,我要你从记录其他小朋友的错,变成记录自己的,看你一天不守规矩几次,你都要记下来喔!"

当天下课之前,我又去找他。

"怎么样,你今天有什么记录吗?"

"有啊!我上课的时候玩铅笔,游戏时间结束没有把玩具收好被老师骂……"

"这样啊!那希望你明天可以改进,管好你自己,让每天的错误记录减少好吗?"小家伙点点头,我想,我们总算达成协议了。

让他把关注别人的心思放到自己身上,主动约束自己。多次冠冠通过协议一次次修正他的行为,我在第二次和冠冠聊过之后，也打了通电话跟冠冠的妈妈深谈，希望妈妈能够跟爸爸沟通，事实上，冠冠对爸爸很敬爱，但爸爸打他对他造成的压力，已经让他无法消化，累积的情绪之下，才会转移到其他同学身上。双管齐下的沟通，冠冠一样调皮捣蛋，但不再是那个会欺负同学的孩子了。

Teacher Grace's Time

可以体罚孩子,但是不能毫无章法。

冠冠的妈妈对这个顽皮的孩子没辙,求助于爸爸的帮忙,爸爸的体罚方式虽然让孩子害怕认错了,但冠冠的心里是不服的,这种巨大的压力和不平的怨气,让他有了等待别人犯错,然后可以跟爸爸一样去处罚别人的行为。

心里有不平的怨气,用对方不守规矩的理由来处罚别人,若没有处理好孩子这样的心态,往后这孩子的发展真的很令人担忧。

前面我说过,我并不反对父母打孩子,但必须要有正确的方式,至少做到这几件事:

1. 适当的时机,或预告他何时要跟他谈话。

2. 告诉孩子要打他的原因,以及你会打几下、打哪里(建议打屁股,肉多、不容易受伤)。

3. 处罚结束后,告诉他你打他只是因为这个行为,你对他的爱没有改变。

4. 孩子该做的作息和你该照顾他的作息不变。

5. 最后,睡前抱抱孩子。

请试想一下,当你在吃饭、看电视,处于一个轻松的心情状态时,突然有人冲过来对你大骂,然后打你，而且不知道要被怎么打，打多久……相信这种突来的惊慌和恐惧，都不是一般大人可以承受的，更何况是孩子呢？

"再不听话，妈妈会打你的手心！""因为你不听话，所以我现在要打你的屁股，打三下！"这样的预告，或许不会达到吓阻作用，也不一定会让孩子停止你不希望他做的动作，但这个事先的警告，能够让他的行为和接下来的处罚有联结和缓冲，更重要的是，不会让他从原本好开心好有趣的心情，突然一百八十度大转变接受爸妈发怒的情绪，这对孩子来说会造成心理上极度的恐慌和受挫。

我有一位好朋友，她也是会体罚孩子的妈妈，但她告诉我只要她体罚孩子，都会依照我告诉她的方式：先警告、预告打几下、事后沟通与抱抱。这样的方式，可以很有效地减少孩子的错误行为，而且，这样教出来的孩子自信又乐观！

09

她不是爱生闷气，
只是情绪卡关，找不到出口

你一定要告诉我你生气的原因，不然我真的猜不到。

学龄前是孩子学习语言表达和情绪调整的关键期。有的孩子天生表达能力强,父母在沟通上会比较容易,面对不爱说话,怎么问就是不说话的孩子,爸妈要怎么办呢?

案例
找不到情绪出口

四岁的萱萱是个很少说话的孩子,刚进小班的时候,从她的表情和观察周围的眼神,就能看出她比较倔强、孤傲的个性,沟通上得多顺着她的意愿和节奏慢慢来,她才愿意配合。原本觉得这是一开始上学适应不良的状态,慢慢地老师们发现,萱萱对妈妈或对老师说的话,很少有立即性的反应,似乎都抱持着疑虑,总是会想一想,然后用点头或摇头表达,而这样的状况,并没有随着年纪与学习的增加而改善。

中班开学那天,妈妈特别跟老师提到:"萱萱好像越来越难相处,整个暑假带她出去玩,都很难带!一下这个不要,一下那个不可以,问她要什么她也都不说,我真的搞不懂她到底在想什么。"

开始上课后,她"沉默"的情况变严重了,有时一整天甚至说不到三句话，只用点头、摇头表达自己的意愿，当老师把这个状况反应给我的时候，我在巡课时特别观察了她。这孩子在课堂上，俨然把自己当成了一个局外人，偶尔会注意老师、看看发言的同学，但从不主动参与，大部分的时间都处在自己的小世界中。对于这种没有犯错，但又需要谈谈的孩子，要等待机会才能出击。

机会来了！学期中的表演日即将来临，这几天学校会要求小朋友们早点到学校进行练习，也因为这样，小朋友们的作息在这几天都会稍作调整。那天，我一到学校，远远在走廊就看到一个小女孩，莽莽撞撞地从厕所走出来，又沿着墙壁摸到洗手台洗手，一问之下，才知道整个状况。

早上，萱萱的妈妈一如往常将她送到学校，萱萱下车后，嘟着嘴生气站在门口，妈妈边叹气边解释："最近早餐吃太多巧克力吐司，今天买了别的早餐给她，她就不高兴耍脾气！真是个固执的孩子！"不管妈妈跟老师怎么说，她不动就是不动，最后，老师只得先请妈妈回去，再自己把她抱进学校，而萱萱可没这么容易屈服。

被老师抱着的路上她先是小小挣扎一番，到了教室门口，发现自己抵抗无效，干脆闭上眼睛了！老师说："她从上楼梯就开始闭着眼经摸上来，进教室、拿书包、喝水都是这样，跟她说这样走路很危险，让她用别的方法生气也不肯。"

闭着眼睛发脾气，也算是很有创意的做法嘛！

我走向刚洗好手的她，故意忽略她闭上眼睛的事情，说："哇！你洗手的时候把衣服都弄湿了耶！我带你去换一件衣服好吗？"她没回答，也没有反抗我牵住她的手，于是我就直接把她拉走。换衣服的过程中，虽然她仍坚持闭着眼睛，但我让她把手搭在我的肩上以防跌倒，她也都乖乖配合，完成换装后，我又说："听说你今天一整天都是闭着眼睛上课、走路跟上厕所，我觉得你好厉害，竟然可以闭着眼睛做这么多事，那等下吃午餐的时候，你也闭着眼睛吃饭吧！今天一整天都要闭着眼睛喔！"听见我这么说，她突然睁开眼睛，怒视着我，她知道我故意激她。

"萱萱，你这样看我很没礼貌，不要这个样子。"

她低下头，不说话。

"我知道你在生气，你可以生气，但我想知道你是因为妈妈没有买巧克力吐司生气，还是因为你真的很想很想吃巧克力吐司。"

知道她生气了，我直接点破她的问题，不需要说服她别生气，也千万不能用讽刺的方式刺激她。

她仍然不肯开口。

"你一定要告诉我你生气的原因，不然我真的猜不到。是因为妈妈没有买你想吃的巧克力吐司，所以生气吗？"她点头了。

"好，那我知道你生气的原因了。生气的时候要讲出来，这样大人才知道你为什么生气。"她的表情和缓下来。

告诉她正确的做法，把生气的原因讲出来。

我继续说道："你喜欢吃巧克力吐司，妈妈平时有买给你吃吗？"她点头。

"对啊，所以妈妈会买给你吃，只是今天没有买而已，之后还是会买，对吗？"依然没有任何表情和回答，我只好继续唱独角戏："我知道你还在生气，不想说话没关系，不过，下次可以不用这样生气，你可以用讲的。"

看见她情绪和缓下来了，我带着她走到教室门口，让她进行选择："小朋友来学校，每天都是上课、吃中饭、午睡、玩游戏，然后就可以回家，现在大家都准备午睡，你想要继续在这边生气，还是要跟大家去睡午觉？"她没反应，我重复："你想要跟大家一样去午睡,还是要继续在这边生气?没有睡午觉,等一下就不能吃点心,不能玩,也不能回家了。"

一直重复问了第三次,她缓缓地举起手,指向教室。"好,你的选择很棒,但下次不可以想这么久,而且要用嘴巴说出来喔!"

过程中一直提醒她,把生气的原因讲出来。

下午的点心时间过后,我又到教室看她,见她独自一人低着头在教室里绕圈圈,老师说:"她刚刚吃点心吃太慢,我跟她说,不吃快一点游戏时间就会变少,所以在不高兴吧!"

小女孩又陷入生气圈圈里,不知道该怎么办,我走到她身旁,不问她生气的事情,依照一般说话的态度,跟她说:"吃完点心要洗手喔!"带她去洗好手之后,再跟她说:"早上我们练习做选择,现在,你再选一次,要站在这边生气,还是要进去跟大家一起收书包?"她又沉默着,"我早上有说,要快点决定,如果你现在不决定,我就打电话跟妈妈说请她晚点来,等你生完气,收好书包,再来接你。"她再次举起手指向教室。

感觉到她反应、应答变快了,我知道她能接受我的沟通,所以趁机给她更多讯息:"好,但是我要告诉你,刚刚是因为你自己吃点心吃太慢,所以时间才会变少,老师并没有错喔!下次只要吃快一点点就可以多玩一下,今天是你第二次生了不必要的气,你知道吗?记住 Teacher Grace 说的,生气的时候,要讲出来。"

这一次,她很快地对我点点头。

沟通过程,仍然要把是非对错告诉孩子,不能让他们觉得,谁让自己不开心,就是对方的错。

随后,我打了通电话给萱萱妈妈,简单说明了"巧克力吐司事件"整个处理过程,建议她之后等萱萱再闹情绪的时候,可以试着给她提供选择,协助她离开情绪圈圈。

隔了一周,偶然在校门口遇到妈妈,她很开心地跟我说这一招效果超好,她说:"那天没煮她喜欢吃的猪肉丸子,做了猪肉片,她又开始生气不吃饭,后来,我把猪肉片剪碎,问她选择继续生气,还是选择快点吃完饭,然后晚一点洗澡就可以多玩十分钟水!她想了一下,就说她要吃饭了。"

Teacher Grace's Time

**爱发脾气的孩子不是"难搞",
他只是"搞不定自己"!**

　　成熟的大人,在遇到情绪压力,心情低落的时候,都需要找朋友聊聊,找专家开导,更何况是还不知道如何表达自己的小孩呢?

　　孩子表达情绪的方式很直接,喜欢就笑,不喜欢就哭闹、生气,**大人们需要做的,并不是阻止他们生气,而是协助他们突破情绪的关卡**,让他们知道,除了哭闹、生气之外，还可以做什么选择，并且，可以用什么方式不要再让生气的事情发生。

萱萱让人伤脑筋的是，她生气时会"关上门"不说话，而且"卡关"的时间也比较久。例如妈妈说的"猪肉丸子"事件，萱萱并不是真的非猪肉丸子不可，只是见到的"猪肉片"不如她的预期，产生了情绪，而她并不知道该如何表达并处理那样的情绪，所以卡住了。妈妈很聪明地用了别的方式，先帮她突破情绪的关卡，"如果不生气，快吃饭，洗澡就可以玩水玩久一点。"**让孩子知道，忽略掉一些不开心的小事情，可以选择做她喜欢的事。**

此外，**容易被情绪卡关的孩子，对于接受新事物，或生活程序上的调整，也比一般孩子更需要花时间沟**

通，每次遇到新的事情，必须像更新计算机软件一样，给他一点时间在脑海里跑一下。

再举个例子，当小朋友知道期中要表演跳舞节目时，大部分孩子都兴奋地接受这个突来的练习时间，并跟着展开练习，但萱萱在现场是静止的，安静地站在一旁看着大家，看起来会以为她不想跳舞，不愿意配合。

我特别过去跟她说明："跳舞练习，现在跟平常上学、吃中饭、午睡一样，都是每天到学校要做的事情，因为要练习，才可以表演给妈妈看。你想要表演给妈妈看吗？"她才愿意走到同学中间，虽然动作小小的，但她做了，可见她并不是排斥"跳舞"，不是不愿意接受，只是她需要时间和原因理解和适应这样的新事物。

10

看到喜欢的东西，就忍不住放进自己的包包

很多东西都很漂亮，我们虽然喜欢，却不一定都要带回家……

孩子有"顺手牵羊"的行为，是令许多父母最头痛的事情之一，大人如果没有及时让他们明白"偷窃"的严重性，孩子再犯的概率会很高。

案例
习惯拿走不属于自己的东西

某个学期，开始听到老师说东西不见了，因为都是一些文具小物，也就没有特别留意，后来又有外师说准备奖励学生的小奖贴纸、小奖品不见了，接着有同学说自己带来的玩具、小发夹不见了，频率越来越高，让老师们开始提高警觉观察，不久，锁定了目标人物小咪。

星期五的"SHOW AND TELL"时间，我们会请小朋友带着心爱的东西到学校，轮流介绍给大家听，那天饭后大家排队上厕所，小咪跟老师说天气冷，要回教室拿外套，老师跟在她的后面，果然见到她在教室里翻了几位同学的包包，拿走东西；老师放在桌上的小贴纸，她也顺手拿走了，于是，确认了这个学期的失窃事件，就是这小妮子做的。

遇到孩子偷窃事件，第一时间处理方式一定是私下找来谈谈，引导她回归正轨，绝对绝对不能在众人面前戳破她，否则，可能会让她长期背负着"小偷"的骂名，即使有悔改的心意，也很难改变同学的印象，严重的话是会影响孩子一辈子的阴影。

老师找来小咪，告诉她："这些物品是给表现好的孩子的，只要你表现很棒，就可以得到，但是，不可以自己拿。在家里也是一样，表现好爸妈也会奖励你，想要什么都要先跟爸妈说才行。"与小咪沟通过后，我们把这件事情通知她的妈妈，妈妈却告诉我们："我没想到她在学校里也这样！在家里，明明什么东西我都买两份，但她就是会去偷拿姐姐的……老师，我授权你可以打她，抓到就打她！"我问："所以，你已经因为这件事情打过她了吗？"妈妈说："是啊，我打过她好多次，就是不听！"我心里想着：那就表示打的方式没有用，得想想别的办法……

经过了这次的开导，我们观察到小咪的行为不但没有因此而收敛，她仿佛觉得反正老师已经知道，可以更大胆地拿。那天，一位小朋友的红色发夹不见了，她着急地找老师哭诉，趁着同学们上洗手间的时间，老师翻开了小咪的包包，果然在里面发现了发夹。而前几天，小咪的妈妈才带着几支蜡笔到学校，又气又抱歉地说："我在她书包里发现这个，这几支笔不是我买给她的，我知道一定是老师的，我已经把她打过一顿了，真的很抱歉……"

当老师告诉我,她在小咪书包里找到发夹后,我心想时机到了,必须利用这个机会让她正视问题。我请老师先不要拿走小咪书包里的发夹,另外,再准备一盒新水彩,盒子内外和里面的每一支水彩通通用奇异笔涂上相应的颜色,放到教室的讲台上最显眼的地方。

中午用餐时,小咪告诉老师要到教室拿水壶喝水,老师悄悄跟在她的后面,见到她一进教室便跑到讲桌前,翻开盒子,拿走了几支水彩放进自己的书包。她的老师不动声色地回到餐厅,对我无奈地点了点头,暗示我她把水彩拿走了。

吃完饭,大家一起去洗手刷牙时,小咪卖力地洗着自己手上沾满的颜料,一直到老师呼喊大家进教室,她才发现颜色怎么洗都洗不掉了,她不安焦急的表情完全藏不住,直到午休躺下,小咪两只手一直藏在被子里面,整个人不时翻来翻去,我知道她很紧张、很害怕,心里也很不舍,但她做了这么多不对的事情,这时候的煎熬是必须让她承受的。

午休后的美术课，我走进教室，向同学宣布："听说今天你们班要做剪纸课，不过，Teacher Grace 买了一盒新的水彩，所以我们要把剪纸改成水彩课，大家一起来画画喔！"听到有新的水彩可以玩，孩子们开心地欢呼几声后，小咪却相当惊讶地看着我，我没有避开她的眼神，对着她微笑，我想，她明白我知道了些什么。接着，我和老师一面把水彩发下去，一面告诉大家："今天我们的画画课要来画叶子，不是用笔喔，要用手来画。"我一面示范一面说："大家一起跟着我，把手涂上喜欢的水彩颜色，然后盖在图画纸上……"说完这句话，我见到小咪马上落泪了。

当所有的小朋友把颜料沾满双手，雀跃地尝试这项全新的画画方式，只有小咪，在自己的位置上哭了起来。

我走过去问她："怎么了？"

"老师，她不想要画画啦！她哭了。"旁边的小男孩搭腔。

"你想剪纸，不想画画吗？"我问。

她点点头说："要画画……"

"那为什么哭了呢？"

"对……对不起……"

在她控制不了大哭之前，我把她带到办公室。

"能告诉 Teacher Grace 为什么要哭吗?"

"对不起……"

"告诉我你对不起什么?"

"我……"

"你什么都可以跟我说,我保证不会生气!"

给她信心是希望她能够自己把事情说出来。

她看了看我,眼睛飘到地板,说:"我……我偷了东西……"

"你偷了什么呢?"

"水彩……"

"偷了几支呢?"

"五支。"

"嗯,我明白了。等下有一个点心时间,大家都会离开教室,你可以在那时候把水彩和其他东西放回去吗?"

她抬起头,惊讶又紧张地看着我。

"对,水彩跟其他东西。"

她点头表示同意,她知道我说的是早上不见的发夹,我继续说:

"你能告诉我,你为什么会偷东西吗?"

"我喜欢那个……"声音小小的,但她还是很勇敢地回答了。

"嗯,我们喜欢的东西很多,但是,不可以拿别人的呀。"

"我不知道我为什么会去拿……"

"你知道,是你的大脑告诉你去拿,你可以控制你的大脑的。"

停顿一会儿,让她思考我的话,接着再说:"你清楚老师已经知道你会偷同学的东西,但却还继续偷,你这是在挑战老师,以后你要挑战的人就是警察了,你知道吗?"

既然知道自己的行为不对,却说无法控制自己,直接点破她,不是自己没办法控制,只是她需要大人告诉她方法。

她低着头,不做任何表示。

"你不说话,就表示你会再偷东西是吗?"

"……"

"你是不是不服气妈妈打你?"

"不是"她马上抬起头,"我偷东西不对,妈妈才会打我。"

"我等一下会帮你把手上的颜料洗掉,但你记着一件事情,以后,只要你又偷了东西,你的手上就会沾上颜色,那是别人都看不到,但只有我看得到的颜色,而且,我也会教妈妈怎么看。"

"真的吗?"听我这么说,她眼神充满不可思议的惊讶。

"真的,而且现在是只有我看得到,但久而久之,如果你一直偷,颜色就会越来越深,到时候所有人都会看到了,你希望大家都看到吗?"

"不要,我不要……"

"好,你要试着,以后看到喜欢但不是自己的东西,不要去拿。"

最后,她仍然没有回答我,但我决定还是要给她机会再试试,而就在那次之后的两个多礼拜,都没有再听到有老师提到东西弄丢的事情。

某一天,我主动去找她聊天。

"昨天小莉带来学校的小熊吊饰你喜欢吗?"

"喜欢。"

"嗯,很漂亮对吗?我也很喜欢,但如果你真的很想拥有,我可以教你方法喔!如果你表现好,或者帮妈妈洗碗、做家事,也许我们可以一起请妈妈给你奖励。"

"嗯……"

"还有啊,其实很多东西都很漂亮,但我们不一定都要喜欢,喜欢的话,也不一定都要带回家……"

"我知道。"

Teacher Grace's Time

　　建立孩子的"物品所有权"观念的确是一段不太容易的过程,从孩子一两岁开始有抢夺的行为时,就是建立物权观念的开始,慢慢告诉他们:

1. 什么是自己的、什么是别人的。
2. 要拿别人的东西,一定要经过对方同意,同样的,要拿孩子的东西,也必须经过他的同意,这是从生活中,建立尊重的概念。

7个方法教孩子建立"所有权"观念

1. 轮流游戏

通常幼儿拿走别人的东西，有可能是他只能感觉自己的存在和需求。此时，教导孩子，轮流、借用的观念是很必要的。

你可以这样做

通常我会请老师用三角铁或手摇铃来提醒小孩轮流的时间，因为小孩在玩时，是很专注的，跟他说："当长针走到五的时候，你才可以玩，现在先给谁谁谁玩。"这是不可能的，因为小孩玩时不会去看长针到了哪，所以必须有更明确的提醒。

2. 学会"等待的方法"

孩子想要的东西马上就要，所以要教他们等待的方法，除了自己想要的东西之外，还有其他东西的存在，慢慢学会不要执着地想要占有。

你可以这样说

"姐姐跟你一样要用粉红色，你要先问她可不可以画完了再借给你！同样的，你画玩了再借给下一个要用粉红色的人"，"在等粉红色蜡笔时，你可以先用蜡笔盒里其他的颜色"。

3. 制订规矩——好奇时，开口问才有礼貌

规定孩子什么东西是可以拿的，什么是不可以的。尤其是在公共场所或别人家里，孩子对不属于他的东西有好奇心时要先问大人。

教孩子说

"请问我可以拿起来看吗?",同时教导小孩要得到主人的同意。主人会同意也会不同意,告诉孩子这样叫作尊重别人。

4. 可以说出来商量

亲子间的沟通是很重要的,父母若是可以尊重孩子,孩子就会学会尊重自己和他人。当父母发现孩子拿(偷)别人东西时,应先了解其动机,接着沟通了解孩子内心的想法,并鼓励他说出事情的缘由,先做观念上的偏差和不良的行为的指正,再做处罚。

你可以这样做

孩子也许不太了解为什么看到喜欢的东西不能拿,

这时候家长可以问孩子:"可以让妈妈看看你喜欢的是什么吗?"亲子之间的互动是可以用"说话"来商量的。

5. 拿(偷)东西未必要打,但是要付出相同的代价

当孩子有不当行为时,父母可以减少他平时的玩乐时间,或让孩子选择放弃一样他很珍爱的物品,让他感到一下失去喜爱东西的着急,这也是同理心的培养。

6. 把东西(放)还回去

孩子拿(偷)了别人的东西时,物归原主是很重要的;父母可以陪同孩子一起归还,陪同他面对错误并弥补。

7. 不要用哄骗来答应孩子的承诺

当孩子抢夺别人东西的时候,爸妈很容易会说:"你先把东西还给别人,以后妈妈再买给你。"然后说完就忘了,孩子期待后落空,会渐渐不相信父母的话了,而变成自己的处理方式(去偷),所以,息事宁人的承诺要避免喔!

告诉孩子"专心",
不如教他"如何专心"!

任何声音都是有意义的,听到不一样的声音,你要去确认他的来源,听听看那是什么。

"学习"是孩子从婴儿时期就不断在进行的行为,而"学习的习惯"则是从父母后天给予的环境中渐渐养成。近年来的亲子教育,除鼓励父母带着孩子接触大自然之外,也开始提倡"亲子共读"的重要,爸爸妈妈千万不要小看绘本的影响力,它除了可以启发孩子的想象力与创造力,同时也是让孩子们在有限的成长经验中,认识外在、**培养与引导人格正向发展的重要环节,更重要的是"专注力"与"思考"的训练。**

因为科技发达,学习方式多样化,大人会发现孩子比起从前更加聪明、反应快,从事幼儿教学以来,我自己明显感觉到,孩子们越来越难"哄",听得懂道理的年纪也变小了,不过,近四五年来,却也发现孩子"专注力"与"观察力"出现问题的比例在逐年增加。不可否认,孩子上课偶尔都会发发呆,但多数在老师一喊名字后,就会马上回神,把专注力放到老师正在说的事情上面,但我现在要讲的,是比较棘手的一个案例。

案例 1
知道如何专注

佑佑小班来到学校,进入中班后学习的课程开始增加,他的班导师和我却发现,佑佑不只上课的时候无法把焦点放在老师身上，游戏时间也经常放空，像是处在一个与外界隔离的状态，总听到老师一直在喊他的名字，随时要"把他的魂叫回来"。

为了要随时掌握佑佑的注意力，老师先把他调到离自己最近的位置，更坐到他的旁边，一面指着他的课本，一面念给大家听，当老师念到一个段落，让其他小朋友发表想法后，再回来问他，没想到就连坐在老师旁边时，他的思绪也依然飘走了。

通过老师和家长沟通得知，佑佑平时是由阿公阿嬷陪伴，家里也没有玩伴，大多数的时间都是跟着阿公一起看电视，很少与人互动，长期下来，我们发现佑佑对外界的事物很少有立即反应，经常是没听到、不理会或失焦的状态，就算把他叫回来现实，他也很难马上跟大家互动起来，这件事情，让老师们实在困扰不已，我也一直在思考要如何帮助他。

我每天先抽出一个小时到他的班上，跟他一起坐在教室后面，陪着他上课，一开始，我会一直问他："老师现在讲到哪里？"有的时候他答不出来，我会提示他。

"是鸟吗？"他点头。

"要讲出来。"

"是小鸟。"

"嗯，鸟飞出去了吗？"

"对，飞出去了。"

当轮到另一个同学讲话，我再问他："现在是谁在说话？"他指向说话的人，"对，现在你要注意他，任何声音都是有意义的，听到不一样的声音，你要去确认他的来源，听听看那是什么？"

我的声音，就像一条线拉住他的专注力，在他即将飘走的时候，先把他拉回位置；也像是一个方向盘，帮他开往应该注意的地方。

我不可能一直跟着他上课，一周之后情况稳定后，我决定把"专注力的主控权"交还给他，但那条拉住他的线还不能放掉。

我用厚纸板做了一个话筒给他，教他在上课的时候，听到谁在讲话，就把话筒转向声音的方向，仔细听别人在说什么。另外，又给他两个盒子，一个装着橘色小球和白色小球，另一个是空的，我告诉他："如果你听懂老师说的，就把橘色小球放过来，听不懂的话就放白色小球。"一开始，我下课后去看他，原本的空盒子几乎都是白色球，几天后橘色小球出现了，非常有趣吧！

给他这道具，最主要的目的是让他"忙着专注"，忙到没有

时间放空，佑佑上课时要依照我说的，把话筒转向声音的来源，所以他必须专心地听声音，另外，为了分配橘球跟白球的位置，他要让脑子思考着老师说的话，我的重点不是他听懂没，而是他有专心听。

案例 2
一不留神，思绪就飘走

另外一个案例也很特别，他是中班的小均。他个性活泼、体格健壮，但却相当排斥学习，上课时老师说二忘一，写字时一有困难就放弃，听完老师的故事，也无法像一般小朋友一样，轻易把角色串起来，老师再多要求几次，他便会开始哭泣、发脾气。

开始和家长沟通后，了解到爸妈虽然是忙碌的上班族，但几乎每周都会抽空带他到郊外走走，特别是热爱运动的爸爸，经常带他去爬山，亲近大自然，亲子关系相当良好，不过再仔细问下去，才知道小均的爸妈除了陪他到郊外跑跑跳跳，几乎很少静态互动，例如：读绘本、玩积木、看卡通……几乎没有，这就麻烦喽！

有一天中午，我在走廊上看见他站在那儿发呆，问他为什么不回教室，他竟然回答："喔，我突然忘记要干什么啦！"

"你忘记要干吗？那你刚刚在想什么啊？"我又好奇了。

"我就在想我爸爸星期天带我去爬山的事情。"

"爬山啊？很好玩吗？"

"超好玩的……"接着，他兴高采烈地叙述爬山时发生的种种情况，眉飞色舞的神情，和刚刚涣散、发呆的样子完全两样，一点都不像是有学习障碍的孩子，那天，我亲自到教室了解他上课的状况。

他上课时，果然如同老师所说，偶尔玩玩手指，偶尔看看窗外，不然就是发发呆，等到老师喊他，他会专注一下，但心思很快又飘走，始终无法跟好老师的节奏。看着这样的状况，我心里开始思考如何拉回这小子的焦点。

隔天上课前，我到他位置旁跟他打招呼，喊了几声没理我，我伸手把他的脸转过来，逼他眼睛对着我："小均，老师叫了你三次耶，你有听到我的声音吗？"他点点头。

"那你就要回答我，我才知道！"他又点点头。

"你要用说话来回应我，听到了吗？"

"听到啦（拉长音）。"

"老师今天要跟你一起上课，我还带来好玩的东西！"我拿了一张中间剪了一个洞的纸，放在他的书上，只露出课本上的一小块区域,"等下上课的时候,你要看着这个洞洞里的字和图片,它会帮你找到老师说的地方。"

他似懂非懂,但一堂课下来,随着老师讲话的内容,我把纸张的缺洞移到不同段落和人物,他的目光也随之移动,不再毫无目的地移开,是个很好的开始!

这张纸,就像是相机窗口,让他的视线可以 zoom in(拉近)和 Focusing(聚焦),从习惯的辽阔视野中,知道如何把视线缩到眼前。

就这样,持续一周的陪读,我再把纸张交给他自己移动,并告诉他:"当老师叫大家看着黑板,你也可以用你的笔跟着老师,指着老师在讲的地方。"讲故事时,也请老师让他学着把人物拆开再整合,慢慢学习自己叙述出一个有逻辑的事件。

佑佑的家庭教育,把他的视线框在电视的框框中,而小均却是没有框架的广阔视线,长期只有接触大自然的辽阔经验,小均已经不知道如何把视线和专注力放到单一区块,这两个孩子的家庭教育很极端,但很明显让大家看到,过与不及都会对孩子造成学习上的影响。

Teacher Grace's Time

学龄前的孩子需要陪伴，这时也是许多感官和学习习惯建立的开始，孩子对外界的一切都充满好奇，喜欢观察身边发生的各种事件，蚂蚁在地上搬东西、飞机从天上飞过去……一直问这是什么？为什么？这都是刺激学习力，培养思考力的启蒙时刻。

曾有一个小班的男孩，去上厕所的途中突然停下来不走了，我远远看见他待在那边好一阵子，走过去问他为什么站在这边不去尿尿，他回答我说："我在想哥哥昨天打电动的事情……"好吧！即使是长大后的青少年，过度热衷一件事情也很容易迷失，我当然不会责备这个还不知道如何区分现实和想象的小小孩。

"喔……那你刚刚上课的时候，是不是也在想这件事情？"

"对啊……可是我没有表现出来！"他倒是很诚实地回答。

"可是，你现在在学校，来学校就是要学习，如果你一直想着打电动就会听不到很多事情，你看，大家都去上厕所，你就忘记了……"

"……好。"

提醒爸妈，要动静均衡地规划孩子的家庭生活，不能只让他配合着我们自己的单一喜好，要给孩子合理分配看书、拼图、游戏的时间，假日往户外跑跑，也可以安排孩子看看展览或表演的静态活动，**不要因为他们喜欢一件事情，就让他只接触那一件事，转换空间的注意力、转换不同气氛的调适力，都是孩子学习的一部分。**

此外，有关于教育孩子"专心"，却屡劝不听的状况，大人们是否想过，孩子们知道如何"专心"吗？知道什么是"不要东想西想"吗？佑佑和小均被老师说过很多次"上课要专心"却还是自由自在地神游他方，如果不是故意反抗，就是弄不懂何谓"专心"了。**大人会很自然地把一些自己觉得简单、理所当然的词汇丢给孩子，然后再生气他们为什么不照着做，事实上，他根本不明白你的意思，就算想做也不知道从何下手啊！**

我给他们的学习道具，让孩子上起课来感觉像是在玩游戏，但也借此引导他们学会了专心聚焦的方式。

　　要求孩子"专心吃饭"，不妨告诉他："眼睛看着碗，吃完一口要接着下一口"。孩子没有"认真上课"，不妨了解他不认真的时候在想些什么，或是问问他老师讲了什么，请他回来跟你分享。

　　请记得孩子这个时候，一切都在学习的阶段，学习"如何学习"，一定要很有耐心地陪着他，别让他错过了这个重要的摸索机会。

12

无时无刻都想说话的孩子,该怎么做能让他静下来?

你今天可以一整天都说话给我听!

你的孩子很爱说话吗？一天二十四个小时只要醒着，不会安静超过五分钟吗？是不是又可爱又有点可恶啊？哈哈哈！我好喜欢跟孩子说话，听他们用天真的语气表达想法，对我来说是非常纾压的一件事。

但我可以想象，父母工作了一整天身心疲累，很需要好好休息，回到家如果有个"说不停、讲不停"的孩子，应该会相当恼人的。

案例
说个不停的孩子

小晨小班一到学校，就是一个人见人爱的孩子，口语表达能力大幅超过同年龄的小朋友，学校里几乎每个老师都认识他，也几乎都被他"访问过"，吃饭时间，除了跟同学说话，他还会找老师聊天："Teacher Melody，你周末有出去玩吗？你去了哪里？好玩吗？""Teacher Nelly，为什么你要剪这个啊？是要给我们用的吗？为什么我们要用这个？可以做别的吗？"……他还会跟别人的爸爸妈妈告状："彤彤妈妈，彤彤今天不乖，被老师骂喔！"这个超爱说话的小孩，任何一件事都能轻松打开他的话匣子，而且还很难关掉。

到了中班，小晨喜欢说话的性格，开始变成大家的困扰，他上课的时候会突然发问，任意打断老师或同学的发言，被制止后会顶嘴，有时停一下子又换了别的话题。某天吃饭，他一边吃一边大声说着："哇！今天的肉好好吃。"老师请他安静吃饭，他停了一下突然又说："可是我真的觉得厨房阿姨好厉害喔！"任何时间、任何地点，就连上个厕所他也可以找到话题跟同学说个没完，他的那种讲话欲望，好像是鼻子痒痒的，一定要打个喷嚏出来。

有一阵子，他请了一周的假跟家人去日本迪士尼，那一周，老师很明显感觉上课变得好顺利，吃饭时间也好安静好有秩序；但一周后他回来了，变本加厉地从早到晚讲个没完，无时无刻都在见缝插针分享他的迪士尼之旅，老师最后受不了了，告诉他："如果你安静五分钟，我今天就给你一个奖励！"他很快答应，但不到一分钟，突然又说："但是，我在迪士尼的时候……"

老师第二天生气地骂了他，并打电话给妈妈，没想到妈妈也说："天啊！他在家就是这个样子，我没想到他在学校也会这样……"妈妈很无奈地告诉老师，小晨真的很喜欢说话，小的时候觉得很可爱，也让他们很有面子，但现在大家都不喜欢听他说话，连跟舅舅阿姨亲戚间的聚会也变少了，他们现在好困扰，说到最后，甚至授权我们可以打他。

老师:"那你们在家会打他吗?"

妈妈:"对啊,有时候爸爸受不了会打他。"

老师:"打了之后有效果吗?"

妈妈:"会安静一下,但是过一会又开始了,昨天晚上吃饭时他一直在讲话,爸爸生气地骂他又打他,安静没几分钟他又开始讲,爸爸问他:'你刚刚已经被打了,还不怕吗?还要继续讲吗?'他竟然说:'我刚刚是讲迪士尼被打,但是我现在是说马铃薯好好吃啊!'"

老师:"哇!看来他爱说话的情况,不管家里跟学校都是一样的。"

妈妈:"是啊,所以爸爸如果晚上要工作,只好带上耳塞了。"

当老师把跟妈妈沟通的状况汇报给我时,我真是笑歪了,觉得这个孩子实在太可爱了,我真的好想知道他到底为什么有这么多话可以讲,逼得爸爸都要带上耳塞。

隔天早上巡课时,我特别在他们教室后面观察他,我发现小晨是在听老师讲课的,从他的反应我觉得他都听得懂,但是会去看一下别人、管一下别人,就是没办法安分几分钟。下课之后,我把他叫到办公室里。

小晨:"Teacher Grace 你也要骂我吗?"哇,竟然自己先开口。

我:"我为什么要骂你?"

小晨:"因为我讲话啊,你们都骂我爱讲话,我爸还打过我耶!"

我:"为什么你爸打你,你还要讲啊?"

小晨:"因为我妈妈煮得很好吃,我一定要告诉她啊!"

我:"原来是这样啊……所以你觉得我应该要骂你吗?"

小晨:"你现在没有骂我,但是你心里一定是这样想的。"

听起来,这孩子知道大人不喜欢他爱讲话,但是却还是改不了想讲话的习惯,当下,我做了一个决定!

我:"好吧!我觉得你讲话很厉害,也很聪明,我想找你当我一天的小助手,可以吗?今天我走到哪里,你就跟着我到哪里,而且我很喜欢听你说话,你今天一天都要讲话给我听,不能停,可以吗?"

小晨:"一天!你是说一整天吗?"看起来,他对一整天这个量词有点惊讶。

我:"对啊,我看你每天都一直在讲话,所以你跟我讲一整天,应该不困难吧!"

小晨:"一整天耶!真的?你确定吗?"哈哈,竟然怀疑起我来。

我:"没错,一整天我都要听你说话。"

小晨:"可是……可是我没有讲什么耶,我都是乱讲的啦!"

我:"怎么会呢?我常常看见你在讲话,好像很有趣的样子,只是很抱歉我都没有时间仔细听,所以,你今天可以都讲给我听吗?"

小晨:"你觉得有趣吗?可是其他大人都说我不可以一直讲话!"

我:"没关系,我让你讲,很多事情我都想听。"

小晨:"我讲什么你都听吗?真的什么都可以吗?"竟然还在怀疑我。

我:"对,今天一整天你都可以讲。"

小晨:"可是……我不想一天都讲话。"什么?这竟然是从小晨嘴里说出的话,虽然我很想笑,但这时候并不是笑的时候。

我:"为什么?你每天不是都在讲给别人听吗?"

小晨:"因为你说什么都可以说,我就不知道要跟你说什么。"

孩子的逻辑就是这么妙。越阻止他越想做,但一旦开放给他做,反而却步了。

我:"为什么,你有秘密不想跟我说吗?"

小晨:"不是啦!反正我就是不想一直说……"

我:"你到底在犹豫什么?"

小晨:"我在想我要跟你说什么啊!"

我:"喔……所以讲什么话是要想一下的啊?"机会来了,"就是说,跟爸爸妈妈、跟老师、跟同学都有不一样的话要说对吗?"他看着我,似乎在思考着,我趁机会继续说:"说话不是想说什么就说什么,要想一下,要听完别人的问题才回答的,对吗?"

小晨:"对!"

我:"很棒,但你今天还是要当我的小助手。"以为我这样就会放过你吗?

小晨:"不要,我想要回去跟我同学和老师一起。"

我:"为什么?为什么你不要当我的小帮手?"

小晨:"我……我想我的爸爸妈妈。"来这招!我忍住,千万不能笑。

我:"你这样子我好伤心喔……如果是你的爸爸妈妈来,你就不会说你不想一天都讲话,对不对?"

小晨:"不会啦!我不会讲话啦!"

我:"不是不能讲话,是要看什么时候决定讲什么话。我不管,反正你今天就是要当我的小帮手。"

小晨:"好啦!但是我不知道我有没有话要跟你说……"

别被孩子的话随便敷衍，我的目的不是阻止他说话，是教他在对的时间说话。

———— ❖❖❖❖ ————

拖磨了好一阵子，他终于答应，我把一串钥匙挂在他的手上，给他一种特别授予权力的感觉，希望可以卸下他在我身边的紧张感，接着，我们就出发去巡课了。走着走着，来到一个大班教室，我选了最后面的位置跟他一起坐下来，开始听老师讲课，小晨一反常态，安静地看着老师，很认真的样子。

我："哎，你怎么都不说话？"

小晨："嘘……"他叫我嘘耶！

我："你看那个人的鞋子……"我开始模仿他平常上课的

小晨："嘘！你不要讲话啦。"

我："为什么不能讲话？你看啦！他的铅笔盒好大喔。"

小晨："不要讲话了！别人都在看我们了。"

我："可是……那个人的铅笔盒真的很大耶！你看。"

小晨："吼，Teacher Grace 你不要讲话了，我要听老师上课啦！"

我："你都不讲话，好无聊，那我要走了，我们出去吧！"

小晨:"……喔。"

我让他陪我巡课有个目的,让他能够跳脱出自己的班级,去看看别人都是怎么学习的,而我在中间模仿他平常的行为,让他从第三者的角度观察,一直说话对其他人的影响。

接着,走到中班的班上,我问他想不想进去看看,他说:"好啊,但是你不要再一直讲话了。"
我反问他:"为什么?我想要讲啊!"
小晨:"可是大家在上课,你这样会吵到他们。"

我:"可是你平常也有讲啊,爸妈跟老师叫你不要讲,你也是一直讲,你不喜欢他们这样,你现在不就跟他们一样了,为什么你可以讲我就不可以呢?"
小晨:"……Teacher Grace 我知道啦!"
我:"知道什么?我不管,我还要一直讲!"
小晨:**"我可以控制自己,我不会再一直讲话了。"**
我没想到,他竟然这么快就想通了,果然是个聪明的孩子。

我:"真的吗?你确定吗?"
小晨:"真的,我想要回去上课了。"
我:"好吧!真的很可惜,我很想听你说话耶!"

小晨:"你去找别人当你的助手啦!我要回去上课。"

我:"当然,下次你很想说话的时候,可以再来当我的助手喔!"

我在想,小晨应该天生就是很有主见、想法很多的小孩,我很开心能在他性格发展时期,让他学会拿捏谈话的分寸。写这个故事的时候,他已经是个高中生了,依然是个很有想法,很能发表意见的孩子,相信他未来会很优秀的。

Teacher Grace's Time

  那一天下课,我把和小晨小帮手相处一天的过程告诉他的班导师,老师很纳闷地说:"我也是跟他说,你喜欢讲话就让你讲,可是他也只是笑一笑,后来还是继续讲啊。"我觉得,小晨一定知道老师当时在生气,像是赌气才说这样的话,对他而言,老师说"你喜欢讲话就让你讲"跟"不准再说话了"的意义是一样的,他知道老师不是有心要跟他说话的,也仍不明白"为什么不可以讲话"。

  小晨在被点破之前,并没有意识到自己说的话有那么多，只知道大人不让他说话，当我请他"一整天"都说话给我听的时候，他被"一整天"这个量词震惊到了，似乎也感觉到一整天都在说话，是多么不可思议的事情。

接着，我又带他看别人上课，也许，不是在他自己的地盘会让他收敛一些，也刚好让他真正体验到"上课的气氛"，模仿他的行为，看起来好像在逗他，但我就是要让他感受被人打扰的感觉，这个聪明的孩子很快就明白我的用意了。

我相信像小晨这样的孩子并不少，语言发展早的孩子，一开始总是很受大人们喜欢，不管说什么都会被称赞，忽略了教育他说话的内容、时机和场合，等大人意识到不对劲或不耐烦的时候，孩子反而无法理解为什么原本鼓励他说话变成制止他。

六七年级的家长,多数懂得引导孩子表现自己,所以我们会发现孩子们比从前早熟、聪明、自信;相对的,也发现孩子越来越"难以控制"。教育孩子有时候就像放风筝一样,给他空间去飞的时候,记得适时拉一拉线,提醒他什么时候该适可而止,否则,一旦孩子逾矩,要再重新建立观念,真的会非常辛苦喔!

家有林黛玉，
一遇到不顺心的事情就哭……

你只是哭的话，大人都不知道你在想什么！

"不要哭了""好了好了，不要哭了！"面对孩子，这样的话你常常说吗？一群孩子中，总会有几个情绪表现特别突出的，特别爱哭、特别爱生气、特别爱说话……这些恼人的"特别情绪"背后，是不是有什么是我们大人可以帮助他们的呢？

案例
爱哭的小公主

午餐时间，我在餐厅协助老师，一片闹哄哄的童言童语中，某位老师对着远处喊着："希希，希希过来这边拿你的水壶。"突然间，教室渐渐安静下来，我转身过去，看见希希默默地啜泣着，周围聊天说话的小朋友都停下来看着她，有一两个女孩拍拍她的肩膀："不要哭，不要哭。"还有人拿纸巾给她，我用眼神问老师这是什么情况，她叹了一口气走过去："希希，老师不是在骂你，也没有生气，老师只是喊你过来拿水壶，没事的。"

平时开会，也听过希希的老师谈起这个孩子，一个有着可爱小公主外形的女孩，个性相当害羞，有一点胆小，但只要遇到不顺心的状况，很容易就会哭起来，也因为她这样柔弱的个性，班上几乎没人会跟她大声说话、抢玩具，每个小朋友都比较让着她，甚至保护她，例如在课堂上，当她答不出老师的问题，开始委屈得眼泪汪汪的时候,马上就有人打pass,她在众人的温柔呵护下过着每一天。

由于大家的保护,希希受挑战和挫折的机会相对也少。

圣诞节前的话剧表演,是孩子们最期待的,为了给爸爸妈妈看自己的表演,每到排练时间,所有的小朋友都开心又卖力地练习着,但这个欢乐时光对于希希来说,却会让她十分不安。喜欢安静优雅的她,每每到了排练时间,就会被要求讲话要大声,连手脚也要大动作挥舞,开始的时候,希希一面板着脸一面慢半拍跟着大家的动作,终于老师再一次喊道:

"希希换你了,要大声喊出 I'm a little star!"

"……"她先是放下手,接着低下头,默默地啜泣起来了。

"怎么哭了,老师不是在骂你,只是提醒你要大声说话。"

希希却哭泣到无法响应,一面摇头一面擦着泪汪汪的眼睛,最后,老师只好安排她一个动作跟台词最少的角色,但似乎还是让她感到不安,排练时仍然是含着泪水。

老师跟妈妈沟通这件事情,妈妈表示她能理解女儿的个性,只要她愿意上台练练胆量就可以,因此,我们也不特别强迫希希,顺着她的个性给她适合的位置。

最后排演日到了,每个班级聚集在表演厅为准备上台做最后一次走位,台上大班小朋友走完最后一个圈,齐声大喊:"We are the best!"多么可爱又振奋的一喊,但竟让在后台排队的希希大哭了起来,这个突来的哭泣,让我们一时摸不着头绪,我让老师继续带大家排练,自己带着希希到旁边。

"为什么哭,慢慢说给我听。"

好一会儿,她情绪稳定下来,但还是一面啜泣一面说着:

"他们好大声……"喔,原来是被吓到所以才哭。

"没事了,他们在排练,在台上本来就是要大声唱歌,他们没有错啊。"

不要因为孩子哭了,就说别人不对,如果对方没做错,等孩子情绪平静了,要再提醒他一次。

"可是……他们吓到我,我生气了。"说到生气,她的声音很自然地提高分贝。

"你生气了啊?原来生气就可以这么大声……"我慢慢提高音量,模仿她生气的样子,"等一下你在台上也可以这——么——大——声——吗?"

"像——这——样——大——声——吗?"她也模仿起我了。

"对!就是这样大声,因为爸爸妈妈在台下很远,所以你要像这样吼——吼——很大声,他们才能听见。"我拉着她的手,带着她做动作。

"吼——吼——这样子吗?"

"你很棒!就是这样。"我恢复正常声音,"老师跟你说,有的人讲话大声,有的人讲话很小声,这是每个人的习惯,你不用生气。"

在说到"大声""小声"这两个词时,我刻意变换分贝让她感受两者的差别。

"还有,上次老师大声叫你,是因为她叫两次你都没回答,她怕你没听见才会大声,但是你哭了对吗?"

"对。"

"你可以告诉我,你没听见老师叫你,你在想什么吗?"

"我在想明天要穿什么裙子。"嗯……好,果然是爱漂亮的小女生。

"对啊,如果你上课不专心,老师叫你你没听见,老师也会生气,就会跟你刚刚生气一样大声。"她睁着大眼睛,似懂非懂地点了一下头,"如果你很专心,就算老师问到你不会的,你也可以跟老师说你不会,说不会不丢脸,但你只是哭的话,老师就不知道你在想什么了。"

"好。"

"好棒,老师跟你说,我觉得你的声音很好听,只是你平时讲话太小声我都没听清楚,我希望你表演的时候,也可以像这样大声(我又放大音量),让大家听到你的声音可以吗?"

"可以!"她这次很自信地点了点头。

"表演的时候大声是对的,每一次练习,大家都会这么大声,所以你不用害怕,也不用生气。"

"好。"她又用力地点了点头。

那一天上台,她进行了有史以来最大方的演出,让她的班导师惊讶不已。结束之后我过去找她,顺势再给她一个强心针。

"你今天突破自己了,声音和动作都表现很棒!"我拉着她的手告诉她,"其实,除了表演之外,在学校很多时候你的动作跟声音都可以像今天这样,上课、吃饭、折被子……大家都是来学校学习把自己的事情做好,这才是很棒的小公主。"

当孩子突破自己,当下的鼓励是最棒的强心针。

"嗯!"

"最重要的是,每个人都会有开心、生气的时候,还有打招呼跟说悄悄话,声音也不一样,你不用因为这样子就害怕然后生气,"我一边说一边变换各种语调,"想什么都可以讲出来,只是哭的话大人不会懂为什么,你明白了吗?"

"明白。"

后来的日子,希希的老师告诉我,她突然哭泣的状况明显减少了,上课时也越来越不排斥回答问题。现在,希希是个六年级的大女孩了,很爱说话,声音也颇大声的呢!

Teacher Grace's Time

爱哭、胆小并不是错误的行为，可能是孩子天生个性，更可能是过去的经验让他觉得这是帮助他避免不愉快的最好方式。这中间，大人也要试着让她了解，遇到问题除了生气、哭泣，还有别的解决方式，例如：

"可以说出来，告诉大人你不会。"

"只是哭的话，别人不知道你为什么不开心。"

这都是很基本的引导方式，但如果这些方法都试过无效，还有什么方式可以帮助她呢？

希希习惯家人说话温和的语调，又或者她曾经被什么声音吓到，使她特别排斥大分贝的状况，而哭泣就是她避开这种不舒服状态最好的方式，慢慢她觉得遇到不喜欢的情况，先哭就可以了。

那天排演，希希因为生气大声地跟我说："我生气了。"真的是一个很棒的契机，我模仿她生气的音量，但并没有生气或不悦的表情，让她在稳定的情绪中，感受到声音的不同，**可能，这也是第一次有人告诉她，声音大并不都是不好的，在某种情况下更是必需的。**

14

小孩吵架，
大人究竟该怎么插手？

有没有想过，你为什么要费尽心思给对方恶作剧，要不要想想看呢？

捣蛋、恶作剧、欺负同学对某些小男孩来说,似乎是生活中的小娱乐,是无伤大雅的情况,大人们说一说,处罚一下就过去了,但同样的事情一直发生,到底要讲几次,才可以停止呢?

案例
天天吵,天天打,为什么呢?

有一年的一个班级上,不知何时形成了一种三国鼎立、各自为王的对抗局面,小迪、大力、凯文是那阵子很令老师们头痛的捣蛋三人组,三个人彼此不喜欢对方,任何时间都想找空档修理对方。上课的时候小迪拿橡皮擦丢大力,两人打闹起来,凯文在一旁大声嘲笑他们,吃饭时间就换大力又故意伸脚绊倒凯文,每天都有争执不完的事情,他们的班导师最后想出一个法子,把这三个人隔开,远远地隔开。

上课时,老师将三个人当作三角形顶点安排座位,中间安插几个人,让他们没有办法跟对方接触,包括吃饭、睡午觉也一样,尽量让三个人保持中间有其他人的距离,就连去拿水壶的顺序,也让他们三个人抽签,看见拿到一号的人领好了,二号才可以去拿。

就这样,相安无事地过了几周,某一天,他们不知道什么原因又打了起来,老师协调、处罚完毕之后,战火暂时平息,但我总觉得这样下去不是办法,这几个不定时小炸弹,若不从源头拆除,麻烦一定处理不完。

我找了个风和日丽、太平无事的一天,把他们三个人叫到办公室。

小迪:"我今天没有打他喔!"哟!竟然自己先开口。

大力:"我也没有喔!"

凯文:"也不是我!"

三个人突然被老师叫来,很有默契都觉得是麻烦上身,一开始就筑起保护墙,我告诉他们:"我不是要处罚你们,是要给你们奖品,因为你们这几天很乖。"可以拿奖品,对这三个人来说简直不可思议,他们太常因为吵架被处罚,即使拿到奖品很快又被扣掉,现在天上掉下来奖品,原本防卫的他们露出藏不住的笑意,孩子就是这么单纯。

发给他们一人两个奖品之后,我开始进入正题。

我:"其实,我真想知道,你们为什么这么喜欢吵架?可以告诉我吗？"

小迪："都是因为他们两个啊！"

凯文："什么啦！我是被你们拖累的！"

大力耸耸肩没说话。

我："为什么你们会这么在意对方？讨厌对方？有没有想过，自己为什么要费尽心思给对方恶作剧，要不要想想看呢？"

听到我这么问，三个人又很有默契地一起愣住，完全答不上话。我给他们一天时间回家想想，明天我再找他们过来。

这些问题我相信他们自己也没有思考过，但要解决纠纷，一定要让他们找出最根本的源头。

第二天。

三个人在我办公室集合好，我问："昨天的问题想好了吗？"

"想什么？"凯文先回答。

"没关系啊！想不出来就站在这边想，我会等你们想到。"想在我面前装傻，门儿都没有。我学他们的班导师拿出号码牌，让他们依抽签顺序回答。

大力："我觉得他很好，他也很好啊……"

我:"怎么好?"

大力:"就很好嘛!"

我:"你是因为他们很好,所以你要故意让他们不好吗?"

小迪:"他们很坏,都趁老师没看见的时候弄断我的笔,妈妈说我要保护自己,所以我才打回去啊!"

我:"这样啊……凯文换你了,他们讲过的理由你不能重复喔!"

凯文:"我就觉得很好玩啊!我打他,他就会打他,他们就会打起来……哈哈。"这位仁兄看来是存心捣乱的。

我:"好!我知道了,你们今天都很棒,很诚实,我要再给你们两个奖品。"

小迪:"就这样吗?"

凯文:"你不要处罚我们吗?"就这么结束,三个人非常惊讶。

我:"没有啊!你们跟我说实话,为什么要处罚?而且,过几天我会再个别找你们聊天,如果你们还是很诚实,我还会再给奖品!"

大力:"真的吗?"

凯文:"那你什么时候再找我们?"

我:"我才不要现在告诉你!"

两天后，我先找了凯文。

凯文："我就知道你会第一个找我。"看样子他防卫心很强。

我："因为第一个人会有五个奖品，所以我先找你啊！"

他没回答，看了看我说："你要知道什么？"

我："你这样说话很没礼貌，你可以先了解对方要问什么，但不要一开始就凶巴巴的，我今天是要给你奖品，但你却对我态度这么不好！"

他低下头，眼神变得比较和缓，我接着问他："我很想知道，你为什么觉得他们两个人打架很好玩？"

凯文："他们两个人功课好，打架就不会被骂，为什么我功课不好，打架就会先被骂？"

我："嗯，我懂你的心情了……但是，打架真的不好啊！万一受伤了，送医院怎么办？好笑就变不好笑了，如果，他们不对，我也可以帮你，而不是你自己去找他们麻烦。"凯文沉默着没回答。

了解原因，提供方法，陪伴他用正确的方法处理事情。

我再问他："你觉得……他们有什么优点吗？"

听见我这么问，他的反应让我很意外，没想多久马上说：

"有啊！小迪心地很好，他都会帮助同学……大力很聪明，每次跳舞，他都一下子就会了。"

我："真的啊！那你有什么优点，我也去问问他们！"

凯文："我也会有优点吗？"

我："当然有啊！我问好会告诉你。"我拿了刚刚说好的五个奖品给他。

凯文："就这样吗？你没有叫我不再打他们？"

我："我希望，下次你要打他们之前，不要动手，先来告诉我为什么他们该打，好吗？"他点点头。

接下来，我分别找了小迪和大力，谈话的内容大致相同，他们最后也分别说了对方的优点，而我又分别告诉他们，另外两个人觉得他们很棒的地方，当他们听到对方竟然说出自己的优点时，表情相当惊讶又开心，而这三个小霸王也在这场谈话中，获得了十个以上的奖品。

两周后，都没再传出打架的事件，我又把他们三个一起叫到面前。

我："这两个礼拜都没听老师说你们打架，不打架是不是很好啊？"

三个人愣住了，没人答话。

我："看吧！你们其实可以不打架，打了架会被处罚，还会被扣奖品，一点都不好呢！我只是要告诉你们，下次想动手之前，先来告诉老师，如果你们没来找老师就先动手，我会很生气喔！"

从此以后，三个人就过着幸福快乐的日子……喔，不，以防万一，老师还是运用让他们持续分坐在教室对角，领号码牌喝水、上厕所的方式，但至少从那之后一直到毕业，都没有再传出打架事件。所以，也算是个圆满的结局。

Teacher Grace's Time

当孩子持续犯同一个错误,怎么警告,怎么处罚都没有用时,大人要如何防范错误再次发生呢?

答案是:防不胜防。

没有一个孩子喜欢被处罚和责骂,他们宁愿一直被惩罚也要选择(或忍不住)一直去犯错,如果大人不去找源头,是无法真正解决问题的。事实上,与人争执也是孩子在建立性格,以及学习与人相处的过程,聪明的父母可以这样陪伴孩子度过:

1. 教孩子如何面对情绪

当孩子遇到冲突矛盾产生情绪时,家长可以先引导孩子认知自己正在生气,用正确的方式表达出来,先注意观察身体变化,然后深呼吸,数数到十,学会让自己平复;如果还是无法消气,可以打枕头、跑步或听音乐;等自己平静下来后,可以试着说出来;家长们还要注意自己的言行,要冷静处事,因为孩子通常会以父母为榜样。

2. 教孩子如何避免矛盾冲突

平时可以找机会教育孩子,在和朋友相处玩耍的时候,要轮流玩,说话要有礼貌,要懂得道歉和分享,并愿意帮助他人等。

3. 发生冲突时怎么做

建议家长当孩子间发生矛盾时，应先让孩子们离开发生矛盾的地点，换一个安静的地方说话。让每个孩子都有发言权，当对方讲话时不要打断，而是仔细听，每个人都可以建议一个解决方法，然后讨论得出结果。家长们可以帮助他们总结，不要有"哥哥姐姐一定要让着弟弟妹妹"的偏袒，要讲求事实的公正，并监督后续的相处模式。

15

"我不要,我不要,我就是不要!" 孩子到底不要什么?

你不告诉我原因,我就猜不到你在生什么气!

丹丹大概是我教学十多年来,令我最头痛、花心思最多的孩子。现在回想起来,丹丹的爸爸第一次到学校接他时的一个状况,可以隐约看到丹丹个性的来源。

我记得那天听到学校门口有激烈的争执声,走出去看到丹丹的爸爸正在和警察争执,我听老师们说,因为警察认为丹丹爸爸车子违停,但他认为整排路都有人停车,为什么只抓他一辆,总之陷入很胶着的状况,最后警察终于放弃不开单,但丹丹爸爸仍然要求警察给他个理由。那次,我就发现这位家长对于自己的信念,相当执着与据理力争。

话题回到丹丹,他是小班时到学校的,是个表情有点严肃的小男孩,说起话来每个字都中气十足,字正腔圆,有着不容协商的气势。

事件一
我就是要在这边等妈妈

第一天上学,妈妈离开之后,他虽然没有哭闹,但也不肯跟老师进教室,在校门栏杆旁找了一个位置站着,说要等妈妈来接他。小朋友初次到学校常见这样的情况,但一般只要告诉他们楼上有玩具,很多小朋友可以一起玩,有好吃的点心,他们几乎僵持一下子就会跟着老师上楼。但丹丹相当坚持,守着他选定的位置,无论老师如何威胁利诱,他都只回答一句话:"我要在这里等我妈妈。"连我亲自出马也没办法,最后,只好告诉他:"你一直不肯跟我上楼,我只好抱你上去了。"

上楼的过程中,虽然他有小小的挣扎,但也算是顺利地到达教室楼层,不过,他不肯跟任何人互动,对玩具也完全没有兴趣,不一会儿就跑去走廊站着,望向落地窗外的大马路,换了一个新的地点等妈妈。我走过去坐在他旁边,开启聊天模式。

"你为什么要站在这边?"

"我要等我妈妈。"

"教室有很多小朋友一起玩,我们也去玩一下,等会儿妈妈就来了啊。"

"不!我要在这边等我妈妈!"

"那……哎,你的扣子是圆的耶!"不想跟他在问题中打转,我突然换了话题。

"是圆的吗?我要问我妈妈!"

"那你喜欢圆的扣子还是方的扣子?"

就这样,一个扣子的话题,我们聊了将近一个小时。我觉得,他需要去上厕所了,便问:"我们要不要先去厕所尿尿?"

"不,我要在这边等我妈妈。"

"可是……你如果不去尿尿,等会儿就会尿在裤子上。妈妈应该不喜欢你尿裤子上吧!"

他没说话,低头看着自己的脚下。

"你是不是怕有人占了这个位子?没关系。"我请老师帮我拿来一条绳子,把他站的地方圈起来,故意大声告诉旁边的老师:"请你们帮我看好这个位子,这里是丹丹的位置,不要让别人过来喔!"

他看见我如此慎重的宣布,总算放心跟我一起去上厕所,不过,上完厕洗好手,他马上又跑回圈圈里站着,一点都没有松下戒心。

明明想上厕所了,还坚持不肯去,一定有什么让他不放心的事情,只要解除他的担忧,孩子就愿意配合你了。

"丹丹你会口渴吗?喝点水好吗?"

"我妈妈没有说我可以喝水!"

"那……我们打电话问妈妈好了。"

我拿起电话,假装打给妈妈:"丹丹妈妈,丹丹说你没有告诉他可不可以喝水,所以我打电话问问你……喔,可以啊!"

"丹丹你妈妈说你可以喝水喔!"

"我妈妈有说可以吗?好的。"好的两个字还给我加重声音。

我们告知了爸妈丹丹的情况,需要给他多一点适应的时间。我也有心理准备,可能遇上个难缠的案例了。

第二天,我刻意在校门口等丹丹:"昨天妈妈来接你,今天也会来接你。现在,我又要抱你去昨天的圈圈里面喽!"到了楼上,他马上走到昨天用绳子围起来的位置,维持昨天等妈妈的状态。

那天,我发现丹丹对于汽车特别有兴趣,看着落地窗外一台台车子经过,他会一一说出它们的品牌:"AUDI、TOYOTA、BENZ……",让我忍不住笑出来的是,这个小男孩用他低沉又成熟的口气说:"又一台TOYOTA过去了,我妈妈怎么还没来?"

第三天几乎重复同样的模式,因为丹丹上厕所、喝水、吃饭等大小事,都要经过妈妈同意才做,我假装打电话时说:"丹丹说要听你的话才行,我想问丹丹在学校可以听老师的话吗?可以啊,好,我会告诉他。"挂电话后,我问他:"丹丹,妈妈刚才说在学校你可以听老师的话,可以吗?"

他沉默地思考着。

"可以吗？妈妈说可以听老师的话，可以吗？可以吗？"我故意调皮地用烦人重复的句子吵他，逼他告诉我答案。

"可以吗？可以吗？可以吗？"

"好……的！"很好，他终于投降了。

第四天，我持续在门口等丹丹，我看着他望向妈妈离去后的大马路，走到他身旁，陪他一起看，一方面给他时间调整心情，一方面我也想站在他的角度，看看他究竟发现了什么吸引人的东西。

"Good morning，丹丹，你在看什么啊？"

"……"不说话。

"为什么你都知道每个车子的名字啊？"

"对啊，我就是知道！"

"嗯，那……我们又要去圈圈里喽！"

"好的！"他似乎已经接受这样的模式。

"那你今天要自己走，还是要我抱你？"

"我自己走就好了。"

上楼后，他本能地往小圈圈移动，虽然知道这个固执的小家伙还没对我完全卸下心防,但我还是想试着引导他进入教室。

"你妈妈昨天说你在学校可以听老师的话,她说你可以听喔!等一下我要带你进去教室,但是,进去后,不可以跟其他小朋友玩,不可以跟他们说话喔!"

我故意跟他说反话,心里当然希望到了教室,会有其他小朋友主动找他玩。 对防卫心重的孩子,不能一次要求他们妥协太多事情,要很有耐心地一步一步破解。

就这样,半推半就一阵子,丹丹终于愿意到教室里跟大家一起,不再只是来学校"等妈妈来接我"。当然,刚开始,他也会突然不适应,要求到小圈圈等妈妈,或者要我提醒他"妈妈说可以听老师的话"才愿意配合。花了我许多心思和时间陪伴,他终于渐渐习惯学校生活,也能融入群体。不过,这只是丹丹故事的开始,陆续还有好多经典事件!

事件二
我要自己折被子

丹丹的固执程度不同于一般孩子,很多事情都需要经过沟通才能顺利进行，上课的休息时间，老师让小朋友们喝水，丹丹不肯动，劝不动他的话，这孩子可能一整天都会不肯吃喝，我提醒他："妈妈说你可以听老师的话，老师说你现在可以喝水喔！"他回答："好的。"明明口渴了，但没有启动"妈妈同意"的开关，他就是无法配合。

午休起床，每个小朋友都要折好自己的被子，丹丹又不肯动，我告诉他："折好被子，就可以出去玩游戏，然后妈妈就会来接你，每个小朋友都是这样喔！没有折好被子，就不能出去玩，就不能等妈妈。"将前因后果说出来，让他知道做好这件事情可以得到他希望的结果，卡住他动作的结，才能被解开。

有一天，因为丹丹动作比较慢，老师顺手帮他把被子拿过来折，丹丹突然生气，又不理人了！直到所有小朋友都离开教室，他都不说话、不动，最后，我把被子拿给他，请他自己折好放回去，当他满意地看着自己的成绩时，我告诉他："丹丹，你有看到所有的小朋友都出去了吗？有的时候如果你动作比较慢，别人帮你是可以的。"

"我想要自己折。"

"自己的被子自己折没有错，但如果时间比较赶，老师可以帮你，知道吗？"

他不说话。

"如果下次时间赶,让老师帮你折,隔天你动作快一点,可以让你折两次,好吗?"

听我这么说,他才勉强说了句:"好的。"

孩子有时候固执起来,就像个蜂窝,在他情绪开关没有关闭之前,任何人都不能靠近,我把启动他愤怒的被子先给他,等他情绪平复再跟他讲道理,才会是有效果的。

这件事后,我也提醒老师,以后要做规律动作以外的事情,尽可能事先告知丹丹,预先说明对固执的孩子来说非常重要。

事件三
关于"对""错"相当执着

随着丹丹进入大班,我们开始发现这孩子很聪明、爱发问,而且记忆力超强,也因为懂得多,特别爱插话。例如老师上课时讲到月球,他会突然举手说:"太阳系有八大行星……"把他知道有关的知识全部说出来,即使这些内容并不是一般小朋友能懂的。

不管对象是老师还是同学，只要是在他认知中不正确的事情，他会本能地马上指正错误。"老师你说错了，那个是×××先发明的！""老师刚刚说不可以说话，×××偷偷讲话。""老师你不是说不能站起来，×××站起来了。"

丹丹纠正的事情没有错，但这样的个性，可想而知他的人际关系越来越差，我们慢慢让他知道："老师或同学有没说对的地方，你可以先说'excuse me'，这样会比较有礼貌；小朋友有没做对的地方，老师会纠正他，交给老师处理就好。"

择善固执并不是不对的事情，但我们可以告诉孩子有更好的处理方式。

另一方面，我们也试着让其他孩子知道，丹丹是很守规矩的小朋友，有的时候让人不开心，但他并不是恶意的。每一个人都应该去学习接纳不同个性的人和想法。

事件四
讲好的事情,不可以改变!

我慢慢发现,丹丹的小脑袋就像个超大数据库,可以很快放进许多知识,他是智商很高的孩子,但遇到非规律性的状况,接受度却很低很低。

某一个校外郊游日的早晨,因为大雨不停活动只好取消,但丹丹心里已经输入"今天要校外教学"的指令,突然听到不能出去,他整个人愣在原地不肯进教室,看着窗外问我:"我们不是要去校外教学吗?"

"对啊,但是下大雨了,没有太阳公公,不可以去了。"

"是吗?没有太阳公公就不可以去吗?为什么?"

"对,因为下雨,出去会淋湿,会感冒。"

"喔……会淋湿吗?不能出去吗?"

"是的,淋了雨会感冒,会生病。下次,我们再选一天有太阳公公的日子,我们再去。"

"……好的。"

常听到大人说"没有为什么,就是这样!",真的没有为什么吗?很多大人视为理所当然的事情,在孩子的世界里都是一堆问号！特别是爱思考的孩子。很多时候跟孩子拗在那，不如站到他们的角度想问题，你就会发现，拐个弯多给他一个解释，让他理解了，舒服了，就能让事情变得更顺利。

事件五
不能接受的，反抗到底！

某一次排练圣诞节节目时，听见丹丹很生气地跟老师顶嘴："不可以是圆形，是一直线！不要圆形！"原来是舞蹈表演走位，有一个从直线前后移动，转成走绕圈圈的队形，所有小朋友都乖乖地跟着老师的指示动作，没有人明白丹丹为什么无法接受"圆形"的走位，而且是愤怒地大吼着："不可以是圆形，不可以！圆形是不对的！"

"为什么不可以是圆形？"我走过去问他。

"就是不可以，圆形不对！"

他说不出理由，练习时间有限，我没有办法慢慢引导沟通，灵机一动，指着老师贴好的走位标签说："好，那你不要走圆形，你走到前面那个尖尖，再走到右边那个尖尖，后面、左边，走菱形的！"

"不是圆形吗？"

"不是,你是走菱形。"其实根本就是原来的圆形走位,只是变换一个空间想象,说成菱形也可以。

"好的。"他终于同意。

"你走的是菱形,但其他小朋友是走圆形的。"

"好,我走菱形。"

我不想全然顺从他,让他觉得他是全对的,在他可以接受的状况下,还是要把正确的事情让他明白。

当时我也不明白,他为什么对圆形有这么大的反感,或许他对空间的思考跟我们不同,无论如何,作为大人,比他多长个几十年,至少要有比他能变通的本事,这条路走不通,我帮你换个方式走!

事件六
我要生气,我要一直生气

一天早上,老师跑来跟我说,丹丹又在生气了,妈妈送他到学校后,不管她怎么问就是不说话,已经撑了一整个早上了!

"丹丹,听说你生气一整个早上了。"

不说话。

"妈妈没有跟你说再见吗?还是爸爸没有给你吃荷包蛋?"

他不说我只好一直猜,但今天一直猜不到,所以我也没耐性了。

"你不可以这样一直生闷气,我不是你,猜不到你在生什么气,你再不告诉我就换我要生气了,我生气的时候会很凶很凶,比恐龙还凶!"

他抬头看我,说:"你要生气了吗?"

"对,你再不告诉我为什么生气,我就要生气了。"

"……我觉得妈妈错了!"

原来,早上妈妈帮他穿衣服时,扣子没有跟从前一样从上面扣下来,而是先扣了中间,再扣其他的扣子,"扣子不可以这样扣!"他嘟着嘴,严肃地告诉我。

"好,我知道了!你过来。"我把他的扣子解开,然后从头一个一个扣下来,解除他脑海中认为不对的画面"好了,这样对了吗?不生气了吗?"

"对的,不生气了。"

"下一次妈妈扣错,你可以告诉老师,老师就可以重新帮你扣一次。"

"好的。"

"生气的时候,要把生气的原因告诉大人,要讲出来大人才知道,才能帮你。"

"好的。"

生气、哭泣永远是孩子处理负面情绪最直接的方式,孩子不会没来由地不开心,无论是猜测,还是各种方式引导,我都会让他们学习表达出自己的需求。此外,每一次孩子气完哭完,都要把'下一次生气'的处理方式告诉他。

卡关的问题,在某些秩序特别敏感的孩子身上更费心力,我们只能耐心地陪他度过,在一次次"帮助破关"的过程中,慢慢引导他们处理情绪的方式,关关难过,关关过!

Teacher Grace's Time

丹丹的确是个相当特殊的案例,他对空间有特殊的认知方式,后来我们发现他还有数学和绘画天分,这边我们不讨论孩子的天赋,而是借此案例来讨论孩子们的固执。

坚持己见、变化弹性小的孩子,经常被大人冠上"固执""难沟通""不听话"的评语;的确,那些令大人不解的"坚持",真的很容易磨光我们的耐性。但反推回去,**当他因为坚持而发脾气时,可能是我们的行为和要求,已经先打乱他的思绪,对他造成无法承**

受的困扰。 所以，到底是谁先惹谁生气呢？

当孩子卡在我们认为"理所当然"的状况，记得提醒自己，别发火、别沮丧，他只是需要我们更多耐心和时间陪伴，帮助他理解他不理解的事情。

chapter 3
转个说法,让孩子信服你也舒服

父母最常跟孩子说的话，
有什么问题呢？

常听见爸妈说："如果孩子肯听话，谁想当个唠叨的父母呢？"

当爸妈发现自己说话重复孩子却"充耳不闻"时，切记先深呼吸，提醒自己停下动怒的念头。

这时，有可能是孩子太专注于手上正在做的事情了，又或许是他们还在思考：为什么要听从这个指令，或者不喜欢大人现在说话的口气……这其中可能会有许许多多的原因，经常会被大人解释成"不听话"。

究竟要怎么说，才可以让父母的要求变得"有效率一些"呢？

其实，只要大人愿意在指令前多给他们一些说明，转个说法让孩子能"听懂"，就可以避免许多叮咛被当成耳边风而生气的状况。

以下，我举几个最常听到的学龄前父母对孩子说的话，并提供一些转换方式让父母参考，相信我，你的孩子很聪明，多给他一些说明他会更听话。

这几句总是被孩子当成"耳边风"的话，你说过哪些呢？

我说过几次了,你为什么一直不听?

 哪有那么多次?才说了三四次而已,我没有不听啊!

 这件事我已经跟你说过了,但没看到你做。你是要我从头再说一次,还是你现在立刻去做?

小孩一定会立马想起你说过的话,因为他们也不想再听一次。

快一点,动作快一点,时间来不及了!

 为什么会来不及?为什么一定要快一点?

 爸爸今天开会要第一个到公司,我们来帮爸爸得第一吧!你坐在椅子上穿鞋比较好穿,把书包放在旁边的地上,穿完鞋马上可以拿起书包出门坐车了,看妈妈爸爸和你谁最快。

对于聪明的孩子,说出事实并给出实际的方法,会比单纯的说教更容易获得配合度。

我就跟你说不要跑来跑去,跌倒了吧!

 我跌倒了很痛你还骂我,我之前跑就没跌倒过啊!

 跑比较容易跌倒,你可以走得快一点,速度跟跑一样,也不容易受伤。

"走快一点,速度跟跑一样喔!"与其阻止他,不如告诉他有更好的方法。

你就是没礼貌，看到长辈都不叫！

 我又不认识他是谁？为什么说我没礼貌？

 这位是爸爸的兄弟，你的叔叔，来跟叔叔打个招呼，说：叔叔你好！

先告诉孩子这是谁，再让他打招呼，这种接近"成人式"的介绍方式，能让孩子觉得被尊重，无形中也在为孩子建立自信。

你这是什么态度,没礼貌!

 我又没怎么样!

 叔叔跟你说话时眼睛要看着叔叔,有礼貌的小孩听大人说话都是这样做的。

避免在外人面前直接指责孩子,如果一定要纠正,可以正向式地告知孩子正确的方式。

快把玩具收起来,再不收我就丢掉了!

 不要!我玩到一半而已耶!我还想玩!

 玩玩具时间到喽!给你一个收玩具的任务喔,你有一首歌的时间把玩具收好,任务达成明天可以多玩十分钟。

第二天设闹钟给孩子看,多设十分钟,让他知道爸妈重视对他的承诺,十分钟后再放收玩具歌。

不要吵了,为什么要一直吵架呢?

 我又没有"一直"吵架,而且是哥哥先弄我的……

 你们说话声音好大啊!在室内要用室内的声音(indoor voice)。或者:为什么要大声说话?发生什么事了?

不直接给孩子扣上"吵架"的帽子,可以避免他们因为反抗而顶嘴。这一招很有效果喔!通常一说完,孩子就会自己放小音量。

弟弟最乖了,姐姐为什么你都不学学他呢?

 为什么要我学他?他哪里乖了?他明明很坏好不好!

 哇!弟弟在安静地看书耶!姐姐看电视看一小时了,请你关掉电视,选择听音乐或者看书吧。

直接叙述事实,不做评语,并告诉孩子你希望他做的事情。

同样讲一句话,转个弯来说,可以让孩子与你的心情都舒畅,试试看吧!

孩子的准头没抓好,"有主见"变成"任性"!

一个三岁多即将上幼儿园的小女孩，妈妈听从我们的建议，先带她到学校走动走动，让小孩多多适应"要上这间学校了""这些将是你的同学""这个是你的柜子"等讯息，让小孩提前有心理准备，接受自己即将面对的新环境、新转变。

我观察这对母女是属于无话不说型的，家长可以做到大多数现在的父母想要的"和孩子做朋友自然而然地相处"。有几个有趣的现象：

1. 到了玩具区，小女孩一面玩玩具，一面和妈妈说话，不断地打断老师和妈妈的对话。

2. 玩了玩具后，她跟妈妈说："你帮我收玩具。"上完厕所，跟妈妈说："你帮我穿裤子，你帮我洗手。"

3. 到了招待区，很自然地将办公室所有的布置物品拿下来玩。

这期间妈妈没说一句话，助理小姐在一旁婉转地告诉小女孩什么可以玩，什么不能玩，一时办公室乱七八糟，妈妈才有点不好意思地到处收拾，并要小女孩不要玩了，把东西收起来，要回家了。

我趁机问了妈妈："请问平时在家，有让女儿自己玩自己收拾的习惯吗？"

妈妈表情开始有点不自然，回答说："我觉得她还太小了，我会教她怎么做，但是我很喜欢我们一起玩一起收拾的感觉，她还小嘛！很会撒娇，让我帮她的次数比她自己做的次数还多。不过没关系，她还小，慢慢学，慢慢学。"听完之后，我没说话。

就在我们对话时，小女孩把刚刚妈妈和助理收的装饰品又拿了出来，妈妈说："要回家了！"她说："我不要，我不要，我不要回家，我还要在这里玩！"妈妈劝了半天劝不听，助理也加入劝说的行列，引小女孩转移注意力，好说歹说都劝不动她。

这时我走过去跟小女孩说："你把不是玩具的装饰品拿下来玩，就要自己把东西放回去，**可以玩的玩具刚才在楼上都给你玩了，这些不是玩具，不能玩就是不能玩。**"

直接说出事实

小女孩:"我想玩,我就是要玩。"

我:**"你可以玩玩具。"**

小孩在闹的时候,不要说负面的字刺激她,不要让她觉得自己老是被反对。

小女孩:"我要玩,我要玩玩具。"

我:"那就**跟我一起去楼上玩玩具。**"

让她知道,大人才是主导者。

小女孩:"我要玩,我要玩玩具。"

几个回合下来,妈妈已经心软了,插话说:"不好意思喔!老师,她还小,只想着玩,我在家也是这样都叫不动她。"

我没有回答妈妈,蹲下来与小女孩的视线平行,然后跟她说:**"要玩玩具就收好这些东西跟我一起去楼上玩,要回家的话就收好这些东西跟妈妈回家去。"**

持续坚持的时候,给小孩选择并提出大人的要求。

小女孩:"我……我……我……"

妈妈想插嘴，我制止了她，小孩需要时间做选择。

小女孩:"我……我要玩玩具！我要回家！"

我:"那就先把这里的东西收好，**我帮你收两样，其他的你自己放回去。**"

虽然小女孩给的不是正确的答案，但要小孩自己收东西的原则不能动，这时可以多给孩子能有部分帮助的"安全感"。

小女孩:"我……要放这些,我要放,我要放。"

我:"你要去楼上玩玩具还是要跟妈妈回家?"我趁小女孩收东西时再一次问她。

小女孩:"我要玩玩具。"

妈妈:"你收好这里的东西,我们就该回家了。"妈妈不好意思地说话了。

我:"你的妈妈已经说要回家了,你就要听妈妈的跟妈妈回家,我把楼上的玩具帮你留着,等你下次来玩,这样好吗?"

小女孩:"我还想玩!我还想要玩!我不要回家。"

我:"不行,妈妈说的要听,不听的话连下次来玩玩具都不能玩了喔!现在你要跟妈妈回家了。"

语气要很坚定,让孩子知道大人的主导权。

小女孩："我要玩玩具，我下次要来玩玩具，我下次还要来玩喔！"

妈妈："哇！老师真的好厉害喔！她怎么会听你的话，真是好神奇喔！"

其实，和自己的孩子做朋友是可以的，但是，家长毕竟是大人，对于"做朋友"的尺度和准头要抓得好。如果因此而造成孩子没大没小，顶嘴插嘴没礼貌，乱拿东西没规矩，任性得我行我素，不受大人的管教、不听大人的话，这样不叫跟孩子做朋友。

Teacher Grace's Time

纠正孩子，给予正确观念时，该怎么做？

❌ 跟孩子说好话、哄骗敷衍、转移注意力的 soft talk。这是没用的，孩子只会继续无限次刺探你的底线，下次还是会出现"我不要"的行为。

☑ 直接教导孩子该做的事情，口气坚定而非严厉，要留点余地，提供选择。

给孩子规则，他可以拥有自由跟选择，但必须在大人规定的范围内，这样才是有效教小孩又不失情分的教法。

要求孩子负责、规律，根本不用开口说

想要培养孩子的责任心、训练他们的规律习惯，与其订规矩、看专家文章找方法，我觉得最根本的不如从父母的日常生活做起！

清静的四天假放完，面对一群小孩的回归，一连串的状况，让平时习惯吵闹的我，都控制不住脸部的表情。

首先，是家长尚未收心！

有的早上才刚从南部回来，书包、水壶、室内鞋、睡袋通通都没有带！

"请问,今天来学校干吗?"

一个早上大概有两三个这样的情形,不断听见妈妈们跟我说:"不好意思喔!Grace……我们才北上,什么都没准备。"我保持微笑,请老师拿保健室的小枕头和小被子中午给代替,但还是叮咛了妈妈:"您下次行程别排那么紧嘛!"

妈妈你以为我会说没关系吗?家长有义务做好安排,这个年纪的孩子作息一团乱,真的都是父母的责任呢!

接着,是幼儿园孩子也没收心!

大概连假几天和亲戚小孩玩得太开心了,把学校规矩都给忘了,今早打架、推人、抢玩具等情况发生诸多,只听老师们此起彼落的规劝和骂人声。我面无表情地走过正在被骂的小孩面前,看了他们一眼。

我的原则是:当有老师在管教自己的学生时,我绝不再多说什么,也不会加入管教的行列。我只会让小孩看到我,让他知道我看见他不乖被老师骂了。这样就够了,小孩知道我已经看见他被老师责骂,再说什么都是多余的。同样的,孩子错误的行为,已经被爸爸或妈妈其中一方处罚,另一方其实无须多言附和或加入责骂之列,最多是让孩子知道你认同爸爸(或妈妈)的处罚即可。一件错误的事情,过多的责备只会招来反效果。

最后，小学部孩子作业交得七零八落。

几个人直接坦白没写作业，写了没带的也一堆，还有放完假没回神，联络本没抄完全或忘记抄的也有。

这已经是不太可能会发生的事了，今天发生了，四天连假真是神奇啊！

但真正让我发火的是，接到几通家长打电话来："请跟某某外师说，我们去乡下阿公阿嬷家没带英文功课，请老师不要骂他，他早上好怕老师会骂，……也帮我跟 T. Grace 说一下，我家那孩子就怕 Grace 知道，他最怕 Grace 说他了。"

喂！我也可以不说他啊！但这样是对的吗？

连假结束，有状况出现是可以了解的，但这些通通都是"连假"的关系吗？收假时间安排不妥，导致孩子得匆匆忙忙来上学，又打电话请老师不要责怪小孩作业没写完……这些大人自己先松懈了规矩，日后不管用再多的言语，都很难要孩子负责，建立遵守规矩的态度。

在假期里尽情玩得开心是非常棒的事，但是将该做的功课做好再去玩，是教养孩子责任心的不二法则。

如果只靠小孩在学校时让老师盯,在家却完全放手只顾游玩,这样学校给予的帮助是有限的,相信你的孩子,他们很聪明,看到你开放的小缝隙,很快就能钻出一个大洞。

Teacher Grace's Time

关于假期生活，下面我从三个部分来建议爸爸妈妈们，其实假期是训练小孩的最好时机，如何才能够玩得开心又有规律，真的是不简单喔！

1. 生活方面

合理安排生活，按时起居、进餐、活动、休息。不要因为假期就不按时睡觉，扰乱了孩子的生理时钟。不要让睡眠不足影响孩子的健康。让孩子保持良好的饮食习惯，包括按时进餐和平衡饮食。

2. 玩乐方面

户外体力活动之外，每天安排一些静态活动，趁着长假多带孩子出去跑跑固然是好，但别忘了，每天都可以安排一些室内的动脑、益智活动，例如：画画、阅读、棋类等，平衡发展。

另外，在家看电视、玩游戏要有所控制，一般一次不要超过半小时，还要保护视力，注意孩子看电视的距离和姿势。

3. 学习方面

（1）多和孩子说话互动，培养他们的口语表达能力。

（2）培养孩子独立进餐、上厕所、穿脱衣服、鞋袜等自理能力。让孩子做一些他们力所能及的家事。

（3）放假期间，经常与孩子谈谈有关幼儿园或小学的话题，为下学期孩子上学做好心理准备。

减少小孩使用电子产品的时间，是家长和老师们最大的期望，孩子能不能有个丰富的假期，就靠父母喽！

04

孩子的回馈来自你的态度

经常有父母向我求救,说孩子越长脾气越大,他们说话态度很差,都不知道该怎么教,通常我只问一句:"那么,平常你跟孩子说话都是温和的态度吗?"许多家长会顿时语塞。

下课时间,我在教室外协助家长接送,一位小班家长来接女儿,我跟小女孩说:"请你先换鞋子。"

小女孩轻声细语地回答:"OK,T. Grace!"

我帮她喷干洗手,小女孩轻声细语地说:"Thank you, T. Grace!"

我再帮她拉背带背上书包,小女孩轻声细语地说:"Thank you, T. Grace!"

然后我抱抱她说:"See you tomorrow, bye sweetheart!"

小女孩轻声细语地说:"Bye-bye, T. Grace!"

妈妈在旁用不是很低的音量说:"你干吗变这样?"

我:"她平时在班上都是这样温柔的啊!"

妈妈对她女儿大叫:"拜托!你哪是这样!怎可能啊?"然后推推小女孩的肩膀说:"把你在大街上飙你姐的音量拿出来,快点啦!这样一点都不像你了!温什么柔啊你!"

哇,这位妈妈很爱给人家爆料,一点都不给她女儿面子耶!

我不禁想象着小女孩骂姐姐的画面,眼前这个小女孩真的会嘶吼骂人吗？

每次见到性情比较特殊的孩子，例如：性情特别急、特别固执等，我都很想看看他们的家长，每一次都不出我所料，父母当中一定有一个个性特别急躁或固执，这种潜移默化的能力，实在是不能小觑。

许多家长包括我们学校的老师,都不了解为什么孩子在我面前,都会变得温和讲理,原本讲不通的事情到我这里就迎刃而解,除了经验之外,我相信更多的原因是我的"态度"。就像本书最前面提到的,"以身作则"在教养中是很重要的,你希望孩子是什么样的人,就先让自己变成那样的人吧!

换个想法、转个说法，
让孩子信服你也舒服

你经常跟孩子在他莫名的坚持中打转吗？"明明很热，他却坚持要穿他喜欢的外套""明明要去海边，他却坚持带小熊出门"……大人们在要求孩子配合自己时，是否也忽略他们某些"恼人的"坚持，与你的要求并不冲突！

有一个幼幼班的小女孩，很爱星星的图案，这也是星星、那也是星星，每天穿好多带星星装饰的衣服鞋子来上学。私底下，我们都唤她星星女孩。

午睡时，老师通常会帮孩子把太多的衣服脱掉，让他们穿适量的衣服入睡，这位爱星星的小女孩，每到午睡时间就跟老师赌气，开始以为她不想午睡，总是要劝好久她才肯躺下来。老师跟我说她的情形，我觉得，她不愿意睡就不要勉强她，只要不影响其他人作息，不午休也没关系。

今天中午去巡堂，在幼幼班外面，看到这位星星女孩又固执地坐在睡袋上，穿着好多件衣服都流汗了，却硬是不脱掉衣服躺下，于是，我走过去跟她说：
"你穿好多都流汗了，我帮你擦汗好不好？"
她没说话也没反抗，我帮她擦汗，一面看着她衣服上各式各样的星星图案，一面问她："你真的很喜欢星星喔！"
她听到了回答："对啊！我最喜欢星星了。"

我:"那星星累了怎么办?"

她:"星星……累了?为什么星星会累?"

我:"你一直穿着星星,星星会累的。"

她:"那星星累了……怎么办呢?"

我:"你跟星星一起睡过觉吗?"

她:"没有耶!"显然她很兴奋。

我:"我也没有,不过你比较幸运,你把星星衣服放在你旁边,就可以跟星星一起睡觉了,我都没有。"

她:"那我要跟星星一起睡觉!"

我帮她把衣服脱了,放在她旁边,然后跟她说:"好好喔,你都可以跟星星一起睡,不过记得喔!起来时要赶快把星星穿起来,不可以让星星一直睡喔!"

她倒是下逐客令了,说:"好,你赶快出去啦!我要跟星星睡觉了。"

我只好默默退出午休教室。

走出去后,她的老师大叫不公平!

老师:"T. Grace!她从开学就没躺下来睡觉过,也不让我脱她的衣服,为什么你跟她说完她就睡了?"

我:"我只是跟她说,她可以跟星星睡觉而已啊!"

女孩什么都不肯,就是要穿着星星,因为她就是爱星星,没有任何东西可以取代。我换了方式,让她持续拥有星星,跟睡觉一点都不冲突啊!

有时我们觉得孩子固执、不讲理,事实上大人也该反问自己到底在坚持什么。换个角度跟他沟通就行了，小孩子固执的原因很单纯，有时不一定要跟他绕来绕去，拿别的事情转移注意力，直接破解他坚持的那件事就行了。

一再犯同样的错,
孩子需要的是你的引导,还是责骂?

下班前接到一通家长电话，转接的老师告诉我家长口气不太好，似乎很焦躁，来电的是一位成绩和品性表现很不错的学生妈妈。

我："妈妈好，有什么事我可以帮你的吗？"

妈妈："哎，Grace，我真的需要你的帮忙，你能告诉我怎么管我家儿子吗？"

她娓娓道来，四年级的儿子在校成绩很优秀，表现一直都很好，但回家就不断说脏话，不管讲什么前面都会加一个字，爸妈劝阻不但没用，他还会出现发脾气、摔东西的暴力行为，妈妈一再表示，他和爸爸已经劝说多次，甚至爸爸还说如果他再说脏话就要揍他，但不管他们怎么做都没用。最后，她说出自己心底最害怕的想法："他都很听你的话，你可以帮我跟他说说吗？应该有些事他没跟我们说出来的，我不想我的孩子变成第二个郑捷……"

听见她这个想法，我先告诉她："妈妈，其实现在了解小孩的行为和想法都还不晚，或许最困惑的是小孩，大人先加诸一些外在的形式和想法在他身上，这样你自己也不好过，**小孩一旦觉得大人认定他是不好的，他会更加不愿意改**，我和他谈谈没问题，我会再跟你联络。"

隔天，我去教室找这个孩子，他一听到我叫他来我办公室，表情非常惊讶，进来后显然有些坐立难安。

我："请坐。"

他："T. Grace 你找我什么事？"

我："嗯，我找你，你很紧张？"

他："我很惊讶你会找我，我做错什么了吗？"

我："我才惊讶我竟然要找你来谈，你有做错什么需要我找你来谈的吗？"

他沉默不说话了。

我："跟我想的一样，你没说任何话，表示我知道的是真的。"

他："我不是故意想这样的……"

我："但是你的不是故意的，却发生很多次，所以最近你很多次不是故意的让同一件事一直发生？"他又沉默不说话。

我："请告诉我，为什么想说脏话？"

他："我也不知道，刚开始是好玩，说了之后爸妈觉得我是一个好孩子不该这样说，就开始一直注意我，找我谈话告诉我不可以说……"

我："但是他们没有问你为什么说脏话，只告诉你不要说脏话，对吧！"

他:"对,只觉得我很乖不该说脏话,但是我说完脏话觉得很爽,跟大人期待的我不一样,感觉很好!"

我:"感觉很好、很爽到跟你的爸妈暴力相向,这样感觉应该更爽更好了吧!下一步是什么?你觉得呢?"

他:"我没有这样想,我摔完东西后很后悔……"

我:"嗯,我相信你!"

他:"真的吗?T. Grace 你相信我吗?我爸妈都不相信我,他们每天都说我功课好但是品行不好会变成郑捷……"

听到他这么说,我努力克制心中的惊讶,爸妈真不该这样跟小孩说!

我:"你所知道的郑捷是怎样的?"

他:"他很乖很安静地念书,但是有人欺负他的时候他就会想复仇,想着想着就付诸行动杀了很多人……"

我:"嗯,我想知道,你一开始觉得讲脏话感觉很好,但这么多人跟你说讲脏话不好后,你还是一直讲,是为什么?"

他:"我……不知道耶……我没有想过。"

我:"既然你觉得好玩的时候已经过去了,现在你讲你就会被骂,你不讲不就好了?"

他:"那……我爸妈和学校老师不就赢了吗?"

我:"那讲脏话这件事,你自己到底喜不喜欢?"

他:"我不喜欢,但现在有点习惯了。"

我:"其实你不喜欢讲,那你讲不讲对你自己有很大的损失吗?"

他:"不会啊?"

我:"那对你有很大的益处吗?"

他:"嗯,我的同学也都不喜欢我讲,认为我是坏学生那一群的。"

我:"你不讲了,会得到更多的好人缘,那你管爸妈和学校老师赢不赢呢?一开始他们就没有跟你比赛,**是你决定开始的,而又是你自己决定要结束的,好的事你掌握,不好的事也是你掌握去不去做,所以你是最大的赢家!**"

他:"我没这样想过耶……好像是耶!"

看他了解道理后,我才觉得开骂的时间到了。

我:"你很在意你的父母,你的父母也很在意你,讲脏话是不好的事,他们有权利管教你,你也应该遵从,我从小看着你,教你的事可多了,就是不想要你学不好的事,我骂你也管你,难道你也要跟我摔东西吗?"

他:"我不敢!"

我:"那为什么跟我不敢的事,回家敢跟爸妈做?我也不对,看你都好好的乖乖的,不用我操心了,不知道你竟然敢说脏话,还在家里跟你爸妈造起反来了,我是这样教你的吗?"

他哭了，对我说："对不起……T. Grace 我不敢了，对不起。"

我："我很爱你，你的爸妈也很爱你，不准说脏话就是不准说脏话，请你立刻改掉，今天回家跟你爸妈道歉，知道吗？"

他一直哭，哭了半天："好，我知道……"

我："我会知道你是不是真心道歉喔，跟你的爸妈好好说对不起。"

他一面点头，一面持续哭泣。

我："还有，你不是郑捷，你就是你，你是我们的乖宝贝，继续做对的事和好的事，好不好？"

他："我真的不是郑捷吗？"看来他真的很担心。

我："不是！"我语气坚定地回答。

接着，他又哭了一会儿，然后像小时候一样，我帮他擦眼泪擤鼻涕，牵着他的手回教室做功课。

我跟他的妈妈通了电话，请妈妈不要在把郑捷的例子套在他儿子的身上，并且接受小孩的道歉后抱抱小孩，不需要再讲道理和说教，希望今晚他们家人间的和解是圆满的。

小孩在犯错时，第一时间就该禁止，拿出父母的权威来纠正他。事后若一再发生同样的事，就表示这件事不是责备就能解决的，需要不先入为主，真心倾听孩子的心声再引导他们改正。

不牵涉大人面子问题或者用社会事件试图吓阻孩子，父母太多的引经据典和太多的信息给孩子，很容易让孩子的头脑负重超载，有时候家长管教小孩时，得走直路，不要弯弯绕绕的，把简单事复杂化，不该做的事就是不该，当孩子跳出你允许的范围，就该立刻把他抓回来。